친구여, 나의 삶에서 내가
그대 삶 속의 그대에게 씁니다

Dear Friend, from My Life
I Write to You in Your Life

DEAR FRIEND, FROM MY LIFE I WRITE TO YOU IN YOUR LIFE

Copyright © 2017 by Yiyun Li
All rights reserved.

Korean translation edition is published by arrangement with
The Wylie Agency(UK) LTD.
Korean translation copyright © 2025 by Coho Books

이 책의 한국어판 저작권은 저작권사와의 독점 계약으로
코호북스에 있습니다. 저작권법에 의해 한국 내에서 보호를 받는
저작물이므로 무단전재와 복제를 금합니다.

Dear Friend,

from My Life

I Write to You

in Your Life

Yiyun Li

이 책은 브리짓 휴즈와 나눈 대화의 일부다.

사다리를 타고 빠져나올 수 있는 세계는 없다. 어느 세계에도 테두리는 없다.

> 에이미 리치, 『있는 그대로의 것들』

그녀는 자는 사람들을 깨우기를 늘 좋아했다. 살인과 출산을 제외하면, 잠에서 깨우는 것만큼 다른 인간의 상태를 크게 바꾸는 일은 없다.

> 레베카 웨스트, 『이 진정한 밤에』

차례

친구여, 나의 삶에서 내가 그대 삶 속의 그대에게 씁니다 11

사람들 사이에서 31

기억은 아무도 피할 수 없는 멜로드라마 64

두 가지 삶 100

인물들 사이에서 128

말하면 실수하기 마련이지만 그래도 감히 시도한다 164

이것이냐 저것이냐: 잡다한 이야기들의 합창 182

윌리엄 트레버를 읽기 201

끝내며: 평면적인 인물로 살기와 대안을 만들기에 관하여 229

감사의 말 237

친구여, 나의 삶에서 내가
그대 삶 속의 그대에게 씁니다

1.

비포 앤 애프터라는 구절을 나는 미국에 왔을 때 친구들이 구독하라고 권한 패션 잡지에서 처음 접했다. 나는 친구들이 권한 대로 잡지를 구독했다. 당시에 나는 인류학자의 시선으로 미국을 흥미롭게 관찰했다. 그처럼 광택이 나는 잡지는 난생처음이었다. 인쇄 수준과 종이 질은 물론, 한 움큼 끼워져 있는 향수 샘플을 보고 나는 잡지사가 대체 어떻게 수익을 내는지 의아해했다. 구독자로서 나는 잡지 한 권당 일 달러도 내지 않았다.

나는 잡지 맨 뒤에 실리는 칼럼을 제일 좋아했다. 헤어스타일과 머리카락 색 등을 바꿔 변신을 시도한 연예인들의 전후 사진이 실려 있고, 동그라미 두 개에 각기 비포와 애프터라고 표기되어 있었다. 그들의 변신이 성공적이었느냐에는 별로 관심이 없었지만, 비포 앤 애프터라는 구절의 단호함이 좋았다. 비포와 애프터 사이에는 어떤 혼탁함도 없었다.

미국에서 산 지 수십 년이 지난 지금도 나는 비포 앤 애프터라는 글자 아래 확연한 변화를 보여주는 체중 감량 프로그램, 치아

미백 스트립, 탈모 치료, 혹은 성형 수술 광고를 보면 순간 들뜬다. 그 어떤 불만이나 불행에도 해결 방안이 있다고 확언하는 듯한 그 광고들에 혹하면서도 당혹스럽다. 삶을 새롭게 시작할 수 있다고 말하는 듯하다. 시간을 분리할 수 있다고. 그러나 그 논리는 새로운 사람이 되겠다고 새로운 곳으로 떠나는 시도만큼이나 가당찮다. 새로운 풍경은 기껏해야 주의를 분산할 뿐, 결국에는 오랜 습관이 나타날 새로운 배경에 불과하다. 시간이 흘러도, 장소를 바꿔도, 우리는 자기 자신으로 남는다. 세상에서 가장 일관성이 없는 사람도 일관적으로 자기 자신이다.

2.

강의를 나가려던 참이었는데, 미국 반대편의 뉴햄프셔주에 사는 지인이 내 직장으로 전화를 걸어왔다. 내가 사는 곳에서 가까운 도시로 출장을 왔다고 했다. 대화를 시작한 지 이 분도 채 되지 않아 나는 남편에게 연락해 그와 만나달라고 부탁했다. 남편은 그를 만나서 열두 시간을 함께 보내며, 그의 업무 약속을 대신 취소해주고 그가 집으로 돌아가는 비행기에 타는 것까지 확인했다. 이 주 후에 그의 남편이 내게 전화해, 그가 일요일 저녁에 회사 건물에서 뛰어내렸다고 알렸다. 그리고 추모식에 와달라고 청했다. 나는 오랫동안 고민한 끝에 가지 않기로 했다.

우리의 기억은 과거보다 현재를 더 많이 드러낸다. 물론 과거는 실제로 있었던 일이다. 사진, 일기, 편지, 오래된 여행 가방 등 증거가 얼마나 많은가. 그러나 그 차고 넘치는 증거 중에서 우리는 지금 이 순간에 어울리는 것들을 고르고 나머지는 버린다. 과거를 짊어지는 법은 여럿이다. 미화해서 해석하거나, 없던 일로 치거나, 각색하거나 혹은 완전히 허구로 꾸밀 수 있다. 현재는 그처럼 쉽게 조작할 수 없다.

나는 현재의 눈으로 과거를 재단하고 싶지 않으므로, 추모식에 가지 않기로 한 나의 결정을 너무 깊이 생각하지 않겠다. 그 지인과 나는 비슷한 시기에 미국에 왔다. 내가 작가가 되고 싶어서 과학자의 길을 그만둔다고 말했을 때 그는 내 결정에 흥미를 느낀 듯했으나 그의 남편은 엄청난 실수라고 말했다. 왜 삶을 어렵게 만들려고 합니까? 그의 남편은 물었다.

3.

나와 시간의 관계는 순탄치 않다. 과거는 기억에 따라 변질되었을지 모르므로 신뢰할 수 없다. 미래는 가정에 불과하므로 조심스레 대해야 한다. 현재―현재는 끊임없는 시험이 아니면 무엇이겠는가. 과거와 미래 사이 혼탁한 지점인 현재에서 우리는 자신의 무엇을 바꾸고 무엇을 인정하고 무엇을 간직해야 하는지 알아내려 애쓴다. 올바르게 대처하지 않으면 시험을 통과하여 애프터로 넘어갈 수 없을 듯하다.

4.

 힘든 시기 뒤에 두 차례 병원 신세를 지고, 나는 삶이 무너진 사람들을 위한 프로그램에 들어갔다. 그곳에서는 사람들이 종종—흐느끼거나 부들부들 떨거나 혹은 메마른 눈으로—시간을 되돌려 전부 바로잡고 싶다고 말했다.
 나도 시간을 되돌려 새롭게 시작하고 싶었다. 그런데 어느 시점으로 돌아가지? 어떤 시점을 떠올려도 그보다 전으로 돌아가야 할 듯싶었다. 경고가 담긴 징후를 무시하기 전으로, 실수가 쌓이기 전으로. 그러나 이런 생각들은 소용없었다. 번번이 나는 애초에 태어나지 않았으면 좋았으리라는 격렬한 바람으로 결론이 났던 것이다.
 모임에서 주로 나는 입을 다물고 있었고, 그 탓에 내가 문제를 회피하고 있으며 진전이 없다는 지적을 받았다. 하지만 내 아픔은 개인적인걸. 나는 생각했다. 내가 나의 문제를 이해하고 정확히 표현할 수 있었으면 그 자리에 왜 있었겠는가.
 공유하고 싶은 이야기가 있나요? 재촉을 받았지만 나는 할 말이 별로 없었다. 그쯤에는 자포자기 심정이었다. 회전문으로 새로운 사람들이 들어오고, 기존 사람들이 세상으로 나갔다. 사람들이 이야기하는 비슷비슷한 사연에 같은 회한과 절망이 담겨 있었다. 똑같은 강의가 세 번째로 반복되었다. 이 지하실에서 영영 빠져나가지 못하면 어쩌지? 나는 울음을 터뜨렸고, 사람들이 한마음으로 내쉰 한숨을 느꼈다. 내 눈물을 보고 내가 마침내 협조하리라고 생각하는 듯했다.

나는 그저 눈에 띄지 않고 싶었을 뿐인데. 그러나 어디에서든지 그렇듯이 그곳에서도 눈에 띄지 않을 수 있음은 누리기 어려운 호강이었다.

5.

살면서 자꾸만 듣는 질문. 무엇을 숨기고 있어? 내가 무엇을 숨기고 있는지 나는 모른다. 내가 부정할수록 사람들은 더 의심한다. 어머니는 집에 오는 손님들에게 내가 비밀스럽다고 말하곤 했다. 공중목욕탕에서 표를 파는 여자는 나를 자주 불러 세우고 무엇을 숨기고 있느냐고 물었다. 숨기는 거 없는데요, 나는 말했지만 여자는 내 눈만 봐도 거짓말임을 알 수 있다고 우겼다.

과묵함은 자연스러운 성질이다. 숨기는 일과 다르다. 우리는 모든 사람에게 똑같이 혹은 순순히 자신을 드러내지 않는다. 과묵함은 숨기는 일처럼 외로움을 자아내지는 않지만, 타인들을 밀어내고 부정한다.

6.

중국은 다섯 시간대로 나뉘지만, 나라 전체에서 하나의 표준시를 쓴다. 베이징 시각이다. 베이징 시각으로 정시가 될 때마다 모든 라디오 방송에서 삐 소리가 여섯 번 울리고 엄숙한 안내문이 나온다. "마지막 울림이 베이징 시각으로 일곱 시 정각을 알립니다." 이 기억은 나뿐만 아니라 여러 세대의 수십억 중국인에게 속하므로 믿을 수 있다. 매시 정각에, 모든 인민 구역과 학교와 막사와 아파트에서 삐 소리와 안내 방송이 울렸다.

그러나 이처럼 믿음직한 허울을 쓴 채로 시간은 불쑥불쑥 침입하고 홀연히 사라진다. 가장 사적인 순간에도 시간은 우리를 홀로 내버려두지 않는다. 삶을 생각하고 느끼는 매 순간에 시간은 끼어든다. 망설임은 우리가 현재를 놓지 못하고 있음을 뜻한다. 새출발한다고 말할 때—이 얼마나 의기양양한 표현인가—우리는 과거를 잘라낸다. 누군가 시간에 자비를 구하면, 시간은 조롱하면서, 혹은 더욱 잔인하게도 무심하게, 그의 손에서 빠져나간다. 얼마나 많은 이가 다른 사람이나 스스로에게 이렇게 말했을까. 시간만 더 있었다면….

7.

무언가를 숨길 때는 두 가지 이유가 있다. 그것을 부끄럽게 여겨서 혹은 지키고 싶어서. 두 이유가 늘 별개는 아니다. 나와 시간의 관계가 순탄치 않다는 사실은, 나에게는 시간이 강압적이고 통제 불가하게 느껴진다는 사실은, 내가 시간을 피해 숨어 있다고 뜻할까?

한때 나는 자정부터 새벽 네 시까지 글을 썼다. 그때 나는 여러 일을 겸하고 있었고(실험용 쥐를 관찰하고 시체 조직을 분석하는 일부터 창작 글쓰기 수업까지) 아이들이 어렸으며, 글 쓰는 일을 나의 진짜 삶에서 철저히 분리하겠다는 야심이 있었다. 대부분 사람이 시간이나 날씨를 체감하지 못하는 채로 잠의 배를 타고 밤을 건널 때, 나는 현실과 허구가 맞닿은 지점에 존재하는 특권을 누렸다.

밤은 잠든 사람들을 고치처럼 감싸 시간으로부터 보호한다. 그러나 나의 밤은 심지어 더 멋지다고 나는 믿고 싶었다. 밤에는 내가 시간을 소유했다. 시간이 나를 소유하지 않았다.

8.

2008년에 베이징에 갔을 때 친구가 나를 만나러 왔다. 우리는 그의 부동산 투자와 동창들을 화제로 이야기를 나누었다. 그때 나는 부모님 집에 머물고 있었다. 친구는 떠난 지 삼십 분 만에 우리 집에 전화했다. 직접 말하고 싶지 않았다며, 청소년 시절에 나와 친하던 남자아이가 애인과 동반 자살을 했다고 말했다.

처음 느낀 감정은 놀라움이었다. 얼굴을 보지 않고 말할 수 있을 때까지 친구가 굳이 기다렸다는 사실이 당혹스러웠다. 그다음에 찾아온 감정 역시 놀라움이었는데, 마치 내가 이 소식을 줄곧 예상하고 있었던 듯한 기분이 들었기 때문이었다.

죽은 친구는 외도를 했다. 그와 상대 여자는 둘 다 어렵게 이혼을 치렀으나, 불륜을 저질렀다는 낙인이 찍혀 배척당했다.

그 애가 미국에 갔다면 괜찮았을 텐데, 친구는 말했다.

왜, 나는 물었다. 자살한 아이는 대학에서 독학으로 디자인을 공부해서 일찍 성공했다. 그는 자신이 디자인한 상품의 광고를 잡지나 신문에서 오려 편지에 동봉했다. 명품 옷, 수입 민트, 캐시미어. 그는 성장 가도를 달리던 중국에서 잘 해냈을 터였다.

친구는 한숨을 지었다. 개보다 현실 감각이 더 떨어지는 애는 너밖에 없을 거야. 친구는 말했다. 이 나라는 꿈꾸는 사람들에게 적합하지 않다는 사실을 네가 알아야 하지 않겠니.

그 남자아이와 나는 주로 서신으로 우정을 나누었다. 지금과는 다른 시대였다. 생각과 감정을 우편에 실었고, 급한 일은 전보로 알렸다. 우리 집은 내가 대학에 갈 때까지 전화기가 없었고, 이메일은 그보다 한참 뒤에 미국에 가서 처음 사용했다. 오토바이 엔진 소리가 고요한 밤의 정적을 뒤흔들던 날들을 여전히 기억한다. 그렇게 소란을 피워도 되는 일은 죽음이 임박했다는 소식이나 부고뿐이었다. 편지, 특히나 우표가 잔뜩 붙은 편지에 우정의 무게가 실려 있었다.

그 아이와 주고받은 편지의 내용은 거의 기억나지 않는다. 같은 반 옆자리 여자아이를 짝사랑한다는 이야기. 한번은 그 아이가 직접 쓴 정치 풍자극을 편지로 보냈는데, 체호프를 떠올리게 한 그 희곡은 고르바초프와 동독 장군이 등장했고 3막에서 총격 사건이 일어났다. 1988년이었고, 공산주의가 여전히 유럽의 일부를 손에 쥐고 있었다. 우리가 마지막으로 만난 해이기도 하다.

그 아이는 예술적 열정의 분출구가 되었으며 짭짤한 수입을 안겨준 광고를 오려 보내기 전에도, 수많은 자동차 모델을 상상하고 디자인하고 이름을 지었다. 권총, 소총, 우주선, 살림 기기와 추상적인 그래픽 등 그의 드로잉은 하나같이 더없이 정밀했고, 일부는 대여섯 번이나 수정한 시안이었다. 그 세밀함에 나는 감탄하면서도 신경이 곤두서곤 했었다.

그 아이의 자살을 예상했다고 했지만, 어쩌면 내 기억이 과거로 돌아가 스스로를 고쳐 썼는지도 모른다. 예술적이고 예민한 소년이 행복한 성인으로 자라지 못할 이유는 없다. 그 아이의 삶이 언제 어떻게 어긋났는지 나는 알 수 없지만, 십 대였을 때도 나는 그 아이의 성향을 어느 정도 알아차렸다. 그가 제작한 연극이 야유를 받았을 때나, 그의 자동차 모델 디자인이 특별 전시로 선정되었다는 이유로 아이들이 그를 따돌렸을 때, 그 아이는 몹시 절망했었다. 그는 타인이 없이는 자신의 존재를 느끼지 못하는 부류의 사람이었다.

9.

꿈꾸는 사람. 내가 미국에서나 중국에서나 절대 불리고 싶지 않은 말. 꿈꾸는 사람이라는 표현을 썼을 때 베이징의 내 친구는 끈기, 외골수, 강철 같은 의지, 그리고 특히나 내게서 너무도 자주 목격한 비현실적인 성향을 생각했음이 틀림없다. 그렇지만 그런 성향을 갖추었으며 꿈이 있다고 해서 다 꿈꾸는 법을 알지는 못한다.

뉴햄프셔주에서 나를 찾아왔던 지인과 나, 그리고 많은 이들이 똑같은 목표를 품고 미국에 왔다. 미국에서 새로운 삶을 개척하기. 나는 그 목표를 꿈이라고 부르지 않겠다. 야심이라고 하기도 어렵다. 뉴햄프셔주의 지인은 과학자의 길을 밟고 생체 의학 회사에서 안정적인 일자리를 얻었다. 나는 딴 길로 **빠졌고**, 실제로 내가 습관처럼 숨는 사람이었다면 숨기가 더욱 어려웠을 직업을 택했다.

내가 중국에 남았다면 어떤 삶을 살았을지 나는 궁금해하지 않는다. 떠나지 않는 것은 선택지에 없었다. 십 년간 내가 한 모든 일은 확실한 애프터를 목표로 품고 있었다. 미국에 도착하는 날에 나는 새로운 사람으로 거듭날 것이었다.

그러나 내가 글을 쓰지는 않았을지도 모른다. 내가 과학계에 머물렀다면 지금과 다른 사람이 되었을까? 더 평온하고 차분하고 현실적이었을까? 더는 숨지 않았을까, 아니면 더 잘 숨었을까?

ooooo

10.

자살한 아이는 죽기 몇 달 전에 인터넷에서 나의 연락처를 찾았다. 주고받은 이메일에서 그는 이혼 소식을 전했고, 나는 작가가 되려고 과학을 포기했다고 말했다. 이런 회신이 왔다. "축하해. 너는 늘 꿈이 있었는데, 미국이 너의 꿈을 이뤄줬구나."

한번은 무대에서 누군가 나를 아메리카드림의 표본으로 묘사했다. 물론 나도 스스로 그런 적이 있다. 비포 앤 애프터 포스터에 나 자신을 실은 격이다. 그러나 나의 변신은 버스 후면의 광고만큼이나 피상적이고 거짓되었다.

시간이 알려주겠죠, 사람들은 말한다. 시간이 최종 결정을 내린다는 듯이. 나는 타인의 삶에 최종 결정을 내릴 권리를 원하는 사람들에게서 숨어왔듯이, 시간을 피해 숨어 있는지도 모른다.

11.

내가 꿈꾸는 법을 알았다면, 꿈꾸는 사람이라는 말을 나도 기꺼이 받아들였을 터이다. 자격지심은 삶에서 자연스레 느끼는 감정이고, 그런 불안감에 단 한 번도 시달린 적이 없다는 사람은 도리어 신뢰하기가 어렵다. 사람들이 나를 잘못 보아도 나는 마음 쓰지 않는다. 누가 나를 수줍은 사람으로 보건, 명랑한 사람으로 보건, 냉정한 사람으로 보건, 별로 상관없다. 그러나 꿈꾸는 사람이라는 말을 들을 자격이 없는 나로서는, 그 말만큼은 피하고 싶다.

12.

나는 꿈꾸는 사람들의 어떤 면에 감탄하고 무엇을 존경할까. 꿈꾸는 사람들은 자기 능력에 확신이 있다. 사소한 일에 연연하지 않는다. 참되고 올바른 것은 결국 승리하고 끝까지 남는다고 믿는다. 꿈꾸는 사람들은 이기적이거나 과시적이거나 비상식적이지 않다. 일상에서 그들은 단연 눈에 띄기보다는 사람들 사이에 묻혀 있는데, 숨어 있는 것과는 다르다. 꿈꾸는 사람은 시간과 서로 신뢰한다.

꿈꾸는 사람이라고 불릴 자격이 없다는 자각과는 별개로, 어쩌면 나는 야심만 그득하면서 꿈이 있는 척하는 사람으로 오해받을까봐 두려운지도 모르겠다. 세상에 흔한 부류다. 그들의 야심은 꿈보다 작고 더 평범한데, 반드시 남들에게 떠벌려져야 하고 자기 시대의 인정에 목을 맨다. 이런 사람들은 남에게 해를 끼쳐도 자기 꿈을 위해 어쩔 수 없이 치러야 하는 값이었다고 일축한다. 시류에 편승하느냐의 여부가 야심과 진정한 꿈을 가르는 기준 중 하나일지도 모르겠다.

13.

뉴햄프셔주의 지인은 꿈꾸는 사람도, 야심가도 아니었다. 그는 미국 교외에서 안정적이고 무탈하게 살기를 원했으나, 외로움이 삶을 사막처럼 황량하게 메말린 듯하다.

자살한 나의 베이징 친구는 자기 재능을 잘 알았기에 야심을 키웠다. 꿈도 있었다. 한때는 분명히 나도 그의 꿈에서 한자리를 차지했다. 꿈꾸는 사람들끼리 유대를 쌓고 싶어서가 아니면 그가 왜 나와 편지를 주고받았겠는가.

14.

나는 장래 면역학자로서 미국에 왔다. 면역학을 선택한 이유는, 중국을 떠날 핑계와 먹고살 기술이 필요하다는 현실적인 이유를 제외하면, 면역계의 작동 원리가 마음에 들었기 때문이었다. 면역계는 비자기물질을 발견하고 공격해서 제거하는 임무를 맡는다. 면역 세포는 기억하는 능력을 지녔는데, 어떤 세포는 자신이 생성된 시점부터 모조리 기억한다. 때로는 오류가 생겨 선택적으로 기억하거나, 더 위험한 경우에는 무분별하게 기억해서, 면역계가 자기를 마치 제거돼야 할 비자기로 잘못 인식하는 현상이 일어난다. Immune은(라틴어 immunis, in- + munia, 봉사, 의무) 내가 아주 좋아하는 영단어 중 하나이다. 면역으로 방어하는 대상이 무엇이건, 질병이건 어리석음이건 사랑이건 외로움이건 괴로운 생각이건 사그라들지 않는 고통이건, 나는 면역을 원했고 내가 창조한 인물들에게도 면역을 주고 싶었는데, 헛된 바람이라는 사실은 내심 알았다. 생명이 있는 한, 삶에 면역이 될 수 없다.

15.

어떤 사람들은 우리의 인생관을 입증하고, 또 어떤 사람들은 그것을 와르르 무너뜨리는데, 우리는 두 부류 모두를 상대로 면역력을 길러 자신을 보호해야 한다고 직감한다. 두 번째 부류는 우리 마음의 자연스러운 천적이다. 그런데 우리는 첫 번째 부류도 결국에는 적으로 삼게 된다. 지구의 다른 종들과 달리 인간은 자신의 위태로운 자아를 부풀릴 뿐만 아니라 쪼그라뜨릴 수도 있기 때문이다.

16.

이 책을 쓰기 시작했을 때 생각했다. 이 책을 쓰면서 시간에 관한 나의 생각을 분석 검사해볼 수 있겠다고. 심지어 나는 탈고한 뒤에 모든 혼란이 정리된 모습까지 그려보았다.

과학에서 분석 실험은 끝없는 탐구 절차의 일부다. 한 질문이 다른 질문을 낳는다. 후속 검사는 이전 검사의 결과를 입증하거나 반증한다. 시간의 불안정함과 불가해함에 시달리는 채로 시간에 관한 나의 생각을 분석 검사하려는 시도 자체가 부질없게 느껴진다. 시간의 한 특성을 이해했다고 느끼는 순간 다른 특성이 나타나 논리를 뒤엎는다.

분투를 벌이는 중에 분투에 관해 쓰려면, 이 혼돈이 언젠가는 끝난다고 반드시 희망해야 한다.

17.

도대체 무엇을 더 원하니? 가족도 있고 직업도 있고 집도 있고 차도 있고 친구도 있는데, 세상에서 네 자리를 찾았는데 왜 행복하지 못해? 왜 마음을 강하게 먹지 못하니? 어머니가 던진 질문 몇 가지.

두 번째로 입원했을 때 그 병원에는 대단히 인상적인 정신질환과 직원이 있었다. 그는 립스틱을 꼼꼼히 바르고 반질거리는 곱슬머리를 늘어뜨리고 화사한 블라우스에 블라우스와 색을 맞춘 플랫슈즈 차림으로 출근했다.

거기 아가씨, 그는 나를 볼 때마다 말했다. 미소를 잃지 마요.

나는 그에게 호감을 느꼈고, 그가 나의 영적인 삶에 관해 꼬치꼬치 캐물어도 싫지 않았다. 척 봐도 그는 나의 믿음 없는 영혼을 걱정했는데, 순순히 이야기를 들어주는 성격인 나는 그에게 설교 대상으로서 안성맞춤이었다. 그 여자는 신경 쓰지 마요. 나와 한 병실을 쓰던 흑인 불교도가 말했다. 복음주의 출신이거든요. 괜찮아요. 나는 룸메이트를 안심시켰다. 누가 설교를 늘어놓아도 나는 불쾌하지 않았다.

그러다 어느 날 마음이 몹시도 힘들었다. 그 인상적인 직원이 저녁 식사 자리에서 물었다. 아가씨, 오늘 왜 울었어요?

슬퍼서요. 나는 대꾸했다.

슬픈 거 알아요. 내가 알고 싶은 건, 왜 슬픈데요?

내가 혼자 슬퍼하게 내버려두면 안 돼요? 나는 쏘아붙였다. 같은 테이블에 앉아 있던 여자들이 접시에 눈을 고정한 채로 미소지었다. 순둥이가 떼를 쓰고 있었다.

18.

무엇 때문에 슬퍼요? 무엇 때문에 화가 나요? 삶에서 누리는 행운과 다른 사람들에 대한 책임을 무엇 때문에 잊어요? 대답할 수 없는 질문을 던지는 사람들을 피해도, 결국에는 동일한 질문을 다시 또다시 스스로에게 묻는다.

어쩌다 여기에 왔는지 말하기 싫다면 이해해요. 병실 룸메이트는 말했다. 하지만 당신 기분이 어떤지 표현할 수 있어요? 나는 내 감정을 언어로 표현할 수 없다.

여러 명이 그 병실을 거쳐 갔다―회전문은 계속해서 돌아간다―나는 마지막 룸메이트를 제일 좋아했다. 중산층 아프리카계 미국인 가정에서 자란 그는 형제 가운데 유일하게 입양아였다. 사랑하는 사람과 결혼했는데, 결혼식 당일에 그는 인생 최대의 실수를 저질렀음을 깨달았다고 했다. 피로연에서 부부로서 첫

춤을 추는 동안 그는 단 한 번도 나와 눈을 맞추지 않았어요. 그는 말했다. 자기가 주인공이라는 사실을 다들 아는지 확인하려고 하객들을 둘러보느라 바빴죠.

내가 이 이야기를 들었을 즈음에 그의 남편은 당뇨로 거동하지 못하고 시력을 잃은 상태였다. 나의 룸메이트는 간호사의 도움을 받으며 남편을 보살폈다. 그는 남편과 같이 TMC 명화 채널을 봤는데, 남편이 고전 영화들의 대사는 기억했기 때문이었다. 그래도 자기들 부부의 인생이 모든 면에서 남편을 중심으로 돌아간다는 사실에 화가 난다고 그는 말했다.

남편을 떠날 생각은 해봤어요? 나는 물었다.

그는 이혼 생각을 늘 달고 살았지만, 이제는 떠나지 않겠다고 했다. 우리 아이들이 저렇게 아픈 사람도 버려질 수 있다고 믿으며 자라는 것을 원하지 않아요. 그는 말했다.

그런데도 그는 자살을 시도했다. 남편과 아이들을 전부 버리려 했다. 그 사실은 지적하지 않았다. 대부분 사람들이 그의 선택을 두고 할 법한 말이니까. 자아가 단단하지 않은 사람은 이기적일 수도 없다.

19.

나는 공허감을 품고 산다. 세상 전부를 가져도 이 공허감의 속삭임을 잠재울 수 없을 터이다. 너는 무가치한 존재야.

이 공허감은 과거를 차지하려 하지 않는데, 공허감은 늘 현재에 머물기 때문이다. 미래를 차지하려 하지도 않는다. 미래를 차단할 뿐이다. 이 공허감은 나를 지배하는 독재자이거나, 혹은 내 평생 가장 절친한 친구이다. 어떤 날에는 격렬한 싸움을 벌인 끝에 둘 다 다친 동물처럼 쓰러진다. 그럴 때면 의구심이 든다. 이 공허감을 제거했다가 무가치한 것보다도 못한 존재가 되면 어떡하지? 이 공허감이 나를 지탱하고 있다면?

20.

어느 날 병실 룸메이트는 자신이 불교 이야기만 꺼내면 내가 입을 다문다는 사실을 알아차렸다고 말했다. 종교적으로 하는 말이 아니에요, 그는 말했다. 예를 들어, 명상을 해보면 어때요.

내가 열두 살부터 스물세 살까지 불교 경전을 읽었다는 말은 하지 않았다. 아주 오랜 세월 동안 불교 경전은 내게 큰 위안을 주었다. 무에 관한 가르침은 공허감의 농도를 희석했다.

나는 열한 살에 아버지에게서 명상법을 배웠다. 두 팔로 양동이를 안고 있다고 상상한 뒤에, 물방울이 양동이에 떨어지는 소리와, 양동이가 꽉 찬 뒤에 물이 밑으로 흘러 나가는 소리에 귀를 기울인다. "텅 빈 상태에서 꽉 찬 상태로, 꽉 찬 상태에서 텅 빈 상태로." 아버지는 책에서 그 부분에 밑줄을 그었다. "태어나기 전의 삶은 꿈이고, 죽은 뒤의 삶도 꿈이다. 그사이에는 오직 꿈의 신기루뿐이다."

21.

아버지보다 더 철저한 운명론자는 만나보지 못했다. 결혼한 이래 단 하루도 마음이 평화롭지 못했다고 아버지는 내게 말했다. 그리고 나와 언니를 어머니에게서 보호할 생각을 미처 하지 못했다고 후회했다. 혹독할 때나 쉽게 상처받을 때나 늘 예측할 수 없던 어머니는 우리 집안의 폭군이었다.

하지만 사실을 말하자면, 아버지는 우리를 보호할 다른 방법이 없어서 언니와 나에게 운명론을 가르친 것이었다. 오랫동안 나는 운명론 뒤에 숨어 살았다. 운명론에 중독된 사람은 겉으로는 차분하고, 유능하고, 심지어 행복해 보이기도 한다.

22.

한동안 주의를 돌릴 거리가 필요해서 캐서린 맨스필드의 기록을 읽었다. "친구여, 나의 삶에서 내가 그대 삶 속의 그대에게 씁니다." 이렇게 적혀 있었다. 이 문장을 읽고 나는 울음을 터뜨렸다. 자신의 꿈이 담긴 디자인을 편지에 담아 보내지 않고서는 못 배긴 그 옛날의 소년이 떠오른다. 내가 글쓰기를 멈추고 싶지 않은 이유도 떠오른다. 책을 씀으로써 우리는—과거에 썼건 지금 쓰고 있건 미래에 쓸 예정이건—결국 이 말을 하려는 것이 아닐까. 친구여, 나의 삶에서 내가 그대 삶 속의 그대에게 씁니다. 하나의 삶과 다른 삶 사이의 거리는 너무도 광막하지만, 그렇게 멀지 않다면, 우리가 훌훌 털고 잊을 수 있다면, 모든 비포가 애프터로 대체될 수 있다면, 왜 글을 쓰겠는가.

23.

운명론은 희망을 앗아가지 않는다. 이제 알겠다. 희망을 앗아가는 것은, 운명론에 저항하는 몸부림. 운명론에서 자신의 삶을 되찾고자 하는 바람. 운명론자는 꿈꿀 수 없는데, 언젠가는 꿈을 꿀 수 있기를 나는 아직도 바란다.

24.

"기차가 멈췄다. 넓디넓은 시골의 두 기차역 사이에서 열차가 멈추면, 무슨 일인지 궁금해 창밖으로 고개를 빼지 않을 수 없다." 맨스필드가 말년에 적었다. 이것이야말로 삶의 필연성이다.

알 수 없는 이유로 기차는 늘 과거와 미래 사이에 멈추고, 과거와 미래는 지금의 위치를 불분명하게 흐려 마치 우리가 그 어디에도 있지 않은 듯이 느끼게 한다. 그러나 우리는 바로 이 불분명함을 한껏 누려야 한다. 논과 자주개자리 들판은 오래전에 지났고, 포도밭과 아몬드나무들이 시야에 들어온다. 이만큼이나 왔다. 그것만으로도 여행을 계속할 충분한 이유가 될지도 모른다.

사람들 사이에서

 리트림주에 도착한 날에 아일랜드 전역에서 불볕더위가 기승을 부리고 있었다. 내가 마주친 사람들 모두, 출입국 관리인이며 더블린에서 리트림주까지 나를 운전해서 데려다준 여자이며 금빛 태슬이 달린 황동 열쇠를 건네준 호텔 직원 모두 이런 더위는 처음이라고 한마디씩 했다. 호텔에 체크인하고 잠시 후에 로비에서 주의회 의원과 사진사를 만났는데, 두 사람 역시 무더위를 언급했다.
 어른들과 달리 어린이들은 날씨가 이렇다 저렇다 말하지 않는다. 아이들에게 날씨는 지금과 관련된 하나의 사실일 뿐이다. 날씨가 걸핏하면 무의미한 이야깃거리로 전락하는 이유는, 날씨가 너무 큰 의미를 품을 수 있어서일까? 날씨는 경험을 특정한 시간과 연결한다. 기억을 삽입할 수 있는 분위기를 이룬다. 지금과 과거를 비교할 때, 날씨는 불변 요소이기도 하고 가변 요소이기도 하다. 내가 머문 호텔에서 이틀 후에 결혼식이 열릴 예정이었다. 결혼식 당일까지 화창한 날씨가 계속되었고, 하객들은 신부가 운이 좋다고 말했다. 그들은 이 날씨를 분명히 오래도록 기억할 터였다.

사진사는 육십 대 남자였다. 그는 구멍가게에서 스포츠 복권과 아이스크림 세 개를 주문했다. 나는 아이스크림을 거절하려고 했지만, 그는 정말 맛있고 한 개에 일 유로밖에 하지 않는다며 누차 권했다. 우리는 개인이 소유한 선창다리를 둘러싼 벽돌 벽을 타넘었다. 무단 침입 금지라는 경고 표시가 붙어 있었다. 책에 무아지경으로 빠진 모습을 보여주세요. 사진사는 내가 취해야 하는 자세를 설명했다. 발이 물 위로 대롱거리게 앉아서 무릎에 책을 펼쳐놓기. 아이스크림은 내려놓아야 했다. 이제 나를 보고 웃어요. 우리를 찾아온 손님이 얼마나 즐거운 시간을 보내는지 리트림주 주민들에게 보여주고 싶어요. 5월 말이었고, 아이스크림은 금세 녹아버렸다. 나는 선창다리의 나무판자 위로 뚝뚝 떨어지는 아이스크림을 지켜보았다. 견뎌야 했던 날씨는 잘 잊히지 않는다.

촬영이 끝난 뒤에 소도시를 걸어 다니며 주점 몇 개와 꽃집, 파랗게 칠해진 복권방을 지나쳤다. 거리는 한적했다. 마침내 나는 사진사와 주의회 의원이 꼭 가보라고 추천한 관광지에 다다랐다. 아일랜드에서 가장 작고, 세계에서는 두 번째로 작은 성당이었다. 건물은 조그맣지만 내가 성당을 생각할 때 흔히 상상하는 엄숙한 분위기는 전부 갖추었다. 석조 외관, 스테인드글라스, 대리석 제단, 철제 대문. 메리 코스텔로가 죽었을 때 그의 남편이 아내를 기리려고 이 성당을 지었고, 훗날에 그도 아내 곁에 잠들었다. 관의 불투명한 뚜껑에 으스스한 누런빛이 감돌았다. 두 사람의 관은 방문객이 몸을 돌릴 수 있을 정도로 떨어져 있었다. 나는 그 성당에 잠시 머물렀다. 딱히 가고 싶은 곳은 없는데, 호텔방에 혼자 앉아 있지 말고 어떤 식으로든 사람들 사이에 있으라는 조언을 들었기 때문이었다.

그때 나는 마음 상태가 엉망이었다. 그 전주에는 병원에 자의로 입원할 생각이었으나 아일랜드 여행이 더 적절하다고 판단했다. 이 무렵에 나는 자주 여행을 떠났고, 떠날 때마다 새로운 사람이 되어 돌아오겠다는 희망을 품었다. 걷잡을 수 없이 무너지던 나는 이 오판이 어떤 위험한 결과를 낳을지 예상하지 못했다. 아일랜드에서 돌아오고 그 다음주에 나는 응급실에 있었다.

암스테르담 공항에서 환승할 비행기를 기다리는데, 화물 엘리베이터의 열린 문 사이로 의식을 잃고 쓰러져 있는 내 모습이 얼핏 보였다. 그 생각은 나를 위로했다. 사람은 여행하다 죽기도 하니까. 그 시기에 나는 일기를 썼다. 내 정신이 통제를 잃고 있다면 그 과정을 언어로 이해하고 싶었다. 그렇지만 암스테르담 공항에서의 그 순간은 기록하지 않았다. 그것을 이해하지 못했고, 이해하고 싶지도 않았다. 그때나 지금이나, 나는 일기를 쓰면서 자신과 긴 논쟁을 벌인다. 냉철한 목소리가 합리적인 질문을 던지면 더 강력한 목소리가 반발하는데, 때로는 질문에 대답하지만 또 다른 때는 엉뚱하게 딴소리한다. 조지 엘리엇과 도스토옙스키의 언쟁과 유사하다. 전자가 자기 계발을 통해 자제력을 키우라고 조언하는 중에 후자가 끼어들어 열정적이고 속박된 영혼에 관해 독백을 쏟아낸다. 후자가 논리적으로 말하려 해도, 심지어 진심을 호소해도, 전자의 눈에는 우스꽝스럽기만 하다. 자기 삶을 망가뜨리는 방법은 본인이 제일 잘 안다.

가질 수 없는 것 없이 살 수 있을까? 내 일기장에 거듭 등장하는 질문. 살 수 없다는 대답은 항복을 뜻한다. 살 수 있다는 대답은 당당함의 가면을 썼으나 역시 굴복을 뜻한다. 가질 수 없는 것이 무엇인지—나는 이것을 언어로 담아내기를 거부했다—어떻게 설명해도 너무 구체적이고 제한적일 것이다. 하지만 그것이 무엇인지 나는 늘 모호하게나마 느꼈다.

안 된다고 직감하면서도 애착을 키우고 말았다. 몇몇 사람들, 직업, 내가 입양한 언어. 그러나 이들과 더불어 살아가는 법은 여태 배우지 못했다. 그 대신에, 친밀함의 고통과 고립의 고통이 서로 상쇄한다. 글을 쓸 수 있다는 사실과 영어로 글을 쓰는 일은 나에게 생명줄이고, 생명줄은 중요하지 않다고, 심지어 반칙이라고 여겨야 한다. 다시 또다시 마음의 같은 곳이 깨진다. 끝내 다시 붙지 않는 금처럼. 나의 삶이여, 나는 너를, 그리고 삶을 가치 있게 해주는 모든 것을 진지하게 받아들이기가 두렵다.

암스테르담에서 본 환영이 리트림주에서는 나타나지 않았다. 시인 루미의 작품을 논하는 심포지엄이 열린다는 광고 포스터를 책방 밖에서 보았다. 빨래방은 경기 침체 탓에 일주일에 사흘만 연다는 안내를 손 글씨로 적어서 테이프로 붙여놓았다. 나는 호텔 라운지에서 찻주전자를 두고 앉아서 사람이 몇 명이나 지나가는지 숫자를 셌다. 내 친구와 닮은 여자가 메이오주 해안에 있는 섬의 이름을 알려주며 그곳에 가보라고 권했다. 그 섬에 자기 아버지가 묻혀 있는데, 장례식 날에 비가 와서 관을 한 척 물웅덩이에 내렸다고 했다. 생생한 감각은 종종 훌륭한 표현을 낳는다. 딴생각을 할 수 있을 때 잠시나마 정신이 맑아진다.

나는 존 맥가헌을 기념하는 축제에 참석하러 아일랜드에 갔다. 나는 맥가헌을 존경했지만 개인적인 인연은 없었는데, 섀넌강과 리트림주와 로스커먼의 길이 보고 싶어서 초청에 응했다. 자전적인 글을 쓰는 작가가 배경으로 삼은 장소에서는 타인의 현실에 잠시 손을 얹을 수 있다.

나는 자전적 소설을 쓰지 않는다. 자아가 견고하고 명료하지 않은 사람은 할 수 없는 일이다. 나는 자전적인 작가들의 글을 읽으며 호기심을 느낀다. 어떤 삶을 살면 자기 자신을 주제로 글을 쓸 수 있을까?

맥가헌의 회고록을 이미 읽었고, 거기서 답을 찾을 수 없음을 알면서도 나는 그 책을 여행에 가져왔다. 맥가헌은 어린 나이에 어머니를 여의고 폭력적이고 쉽게 폭발하는 아버지 아래서 고통스러운 유년 시절을 보냈다. 그는 아일랜드를 등졌다가 귀환했다. 그는 책에서 이 모든 경험을 담담히 말할 뿐, 많은 그의 동포 작가들처럼 문학적 복화술을 시도하지 않았다. 남들보다 유달리 더 쓰라린 상처를 지닌 사람도, 남들보다 더 큰 기쁨을 누릴 자격을 지닌 사람도 없다. 맥가헌에게 일어난 일들은 그저 삶이다. 우리 모두에게 일어나는 바로 그것.

이미 견뎌본 고통은 갓 닥친 고통보다 더 견디기 어렵다. 과거의 자신에게서 멀리 달아날 수 없음을 다시금 상기한다. 왜 글을 써서 옛 상처를 건드리는가. 왜 회고하며 기억을 다시 사는가. 그것 또한 하나의 탐닉인데.

영어로 글을 쓰며 내가 질색하는 단어는 I, 즉 나다. 과장스러운 단어다. 문법이 더 느슨한 중국어는 주체를 암시하는 대명사로 낯부끄러운 나를 대체하여 문장을 형성할 수 있다. 우리라는 단어를 대신 쓰기도 한다. 살아가는 일은 독창적이지 않다.

물론 어느 시대에나 선구자들과 혁명가들과 괴짜들이 있었지만, 이런 사람들은 자기 이미지를 의식하거나, 혹은 더 뻔하게도 그 이미지를 위해 살았던지라 대체로 따분하다. 관객을 잃고 나면 독창성은 혼자 어쩔 줄 몰라 할 터이다.

독창적이지 않음을 인정하기. 우리 가운데 가장 욕심이 없는 사람들도 자기가 남들과 다르고 대체될 수 없다고 믿을 구실을 상상해낸다. 바로 이 욕망이, 하찮고 주제넘지만 인간의 본질에 깃든 이 욕망이 나라는 단어를 허락하는 것일까. 퇴원하고 나서 몇 달이나 나는 이 세상에 대체 불가한 사람은 없으며 그래야 지당하다고 주변 사람들에게 애써 설명했다. 나 자신에게조차 무의미한 나가 너에게 무슨 의미가 있겠는가?

톈안먼 광장 학살의 여파로 우리 대학의 신입생들은 군대에서 일 년간 복무해야 했다. 미래의 불복종을 방지한다는 명목이었다. 군대에서 나는 젊은이 특유의 객기를 부려 남다른 척했다. 선전문을 쓰라는 명령을 받으면 정부를 에둘러 비판하는 시를 슬쩍 끼워 넣었고, 선임들을 은근히 조롱하고, 기회가 날 때마다 분대장의 권위에 도전했다. 정치적 권위자라면 누구에게나 반발하고, 정의로운 행동으로 자신을 위험에 빠뜨리고, 자신이 남들과 다름을 언어를 사용해 드러내는 일. 열여덟 살 때 나는 이런 행동들이야말로 내 믿음을 확인하는 지름길이라고 믿었다. 삶은 암담하고 불공정하여 살아갈 가치가 없다는 믿음.

제대하기 전에 분대장이 내게 편지를 주었다.(군대에서는 서로 작별 편지를 쓰는 전통이 있었다.) "세상에는 평범한 사람들과 평범하지 않은 사람들이 있지. 평범하지 않은 사람과 보낸 하루는 평범한 사람과 보낸 몇 년보다 많은 추억을 남겨. 평범한 사람으로서 나는 너와 일 년을 보낸 것을 행운으로 여긴다."

군대 집안 출신이었던 분대장은 윗사람들에게 깍듯했고 공산주의 신조를 진심으로 믿었으며 군대가 자신에게 부여한 권리에 일말의 의심도 품지 않았다.(나는 톈안먼 광장 학살을 자꾸 들먹이며 그를 참 많이도 괴롭히고 자극했다.)

적대감이라고는 눈을 씻고 봐도 찾을 수 없었으나 나는 그 편지를 읽고 몹시 부끄러웠다. 그에게 늘 고마운 마음이다. 자기가 어떤 사람이라고 세상에 광고하는 모습이 얼마나 꼴불견인지 덕분에 배웠다. 나의 한심한 모습을 그토록 친절한 방식으로 일깨워주었으니, 나는 운이 좋았다. 분대장이 나의 허세를 꿰뚫어 보고 빈정거렸다면 오히려 나는 내 어리석은 태도를 변호하려고 했을지도 모른다. 그러나 분대장은 젠체하던 나보다 자기가 더 진정성 있는 사람이라는 사실을 알아차리기엔 너무 어렸고, 또한 나도 죄책감을 느끼기엔 삶의 경험이 터무니없이 부족했다. 지독한 무심함으로 자기 자아를 버리는 사람은 타인의 신념까지 쉽게 깔아뭉갤 수 있다.

리트림주로 여행을 다녀오고 몇 달 후에 나는 두 번째로 병원에 입원한 상태였다. 그때 병실 룸메이트는 눈이 파랬는데, 그렇게 파란 눈은 처음 보았다. 그는 자기가 다른 시설로 가야 할지 이 병원에 남아야 할지 내 의견을 물었다. 내가 말뜻을 못 알아듣자 그는 고쳐 물었다. 정신 질환을 치료하고 중독 재활 시설로 가야 할까요, 아니면 중독을 먼저 해결하고 정신 질환을 치료해야 할까요? 전문가가 아닌 내가 대답할 수 있는 질문이 아니었지만, 나는 마약을 끊으면 썩 나쁘지 않을 듯하다고 조심스레 말했다. 당신은 이해하지 못해요. 그는 말했다. 그리고 자기는 죽는 날까지 마약을 할 듯하다고 말했다.

할 말이 없어서 그냥 듣기만 했다. 그는 계속해서 말했다. 어린 시절. 뉴욕시의 전철, 이제는 그를 상대해주지 않는 소꿉친구들, 돈을 빌려주지 않는 아버지와 형제들. 또, 중독자들의 사회 적응을 돕는 지역 시설이 얼마나 실망스러웠는지. 이내 나는 양해를 구하고 방에서 나가야 했다. 그는 너무도 끈질기게 대답을 요구했다. 반밖에 닫히지 않는 문 뒤에서 조금이나마 누리던 조용한 시간이 그리웠다. 당신 룸메이트네요. 여자들이 말하고 눈짓했다. 나와 여자들이 권고받은 대로 소파나 의자에 앉아 어울리고 있노라면, 그가 찢어진 종이 가운 틈새로 반라의 몸이 드러난 사실을 자각하지 못한 채로 복도를 쏘다녔다.

그가 다른 곳으로 옮겨지고 새로 배정받은 룸메이트와 대화하던 중에 나는 다른 사람들에게서 들어본 거친 말투로 무어라고 말했다. 그때 새 룸메이트가 한 대답에 나는 충격을 받았다. 당신은 그 여자에 관해 그렇게 말하면 안 돼요. 그는 당신이나 나와 다를 바 없어요. 아프다고요. 그제껏 나는 내가 아프다고 생각한 적이 없었다. 다만 갈 곳을 잃었다고 생각했었다.

세네카는 남들과 있으면 영향을 받는 자신의 '약점'을 밝히며, "사람들은 모두 저마다 다른 악덕에 매력을 더한다"라고 말했다. (나는 세네카와 그의 신봉자 몽테뉴를 무척 좋아한다. 두 사람의 지혜는 자기 확신과 너무도 단단히 얽혀 있어서, 그들을 존경하면서도 놀리고 싶은 충동이 든다.)

세네카의 말에서 '악덕'을 '언어'로 대체하면 나의 경험을 정확히 묘사한다. 나는 사람들의 말버릇에 크게 영향을 받는다. 그들의 어휘나 어조나 특이한 버릇 모두.

군대에서 우리는 『바람과 함께 사라지다』의 흐리멍덩한 복사본을 돌려 보았다. 우리 소대 여자들 반 이상이, 내성적인 아이나 수다스러운 아이나 심술보인 아이나 할 것 없이 모두 스칼렛 오하라에게서 자기 모습을 보았다고 주장했다. 스칼렛과 동질감을 느낀다고 하기에는 어떤 아이는 너무 흥미로운 성격이며 또 어떤 아이는 너무 따분한 성격이었다. 이러한 집단적 동경은 자기 창조 과정의 일부임이 틀림없다. 이 과정에 독창성은 거의 없다. 그럼에도 참으로 용감한 일이 아닌가.

나는 스칼렛 오하라에게서 내 모습을 발견하지 못했다. 안나 카레니나나 테스 더버필드나 제인 에어나 장 크리스토프나 닉 애덤스나 폴 모렐이나 바다와 결투하는 노인에게서도. 나는 타인의 삶을 살아보려고 책을 읽지 않으며 감정 이입도 하지 않는다. 오히려 정반대다. 나는 실제 사람들과는 달리 나의 존재를 인식하지 못하는 인물들 사이에 있고 싶어서 책을 읽는다.

군대에서 한 여자아이가 이따금 병사 식당에서 고구마나 빵을 훔쳐 내게 주었다. 어떻게 거절해야 좋을지 몰라 난감했던 나는 그 아이를 향해 차가운 원망을 느꼈다. 누군가에게 특별한 대우를 받으면 우리는 그가 우리 삶에서 제멋대로 차지한 위치를 인정할 수밖에 없다. 신세를 진 기분도 께름칙한데, 원치도 않은 호의를 받고 신세를 진 듯한 처지가 되면 기분이 어떻겠는가. 병원에서 다른 환자 세 명이 재미 삼아 구내식당에서 오렌지를 훔쳐서 내 서랍에 넣었다. 내가 착하고 제정신인 사람처럼 오렌지를 받아먹었다는 사실을, 그들은 내가 들고 다니던 톨스토이의 소설이나 몽테뉴의 에세이만큼이나—면회를 온 친구에게 부탁해서 받은 책들이다—우습게 여겼다. 나는 그들이 훔친 과일을 먹고 그들의 놀림도 선선히 받아들였지만, 그레이엄 그린 소설의 천주교 신부를 인용하여 이렇게 말했다. 나는 놀려도 되지만 내 책은 놀리지 말라고. 그중 한 명은 중독 재활 치료소로 옮겨졌다. 또 한 명은 최후의 수단으로 전기 경련 치료를 받았다. 나머지 한 명은 내가 퇴원하기 전날에 자살 감시 대상에 올랐다. 우리는 처지가 별로 다를 바 없는 사람들과 더불어 스스로를 비웃어야 한다.

병원에 있으면 군대 생각이 났다. 특정한 장소의 특수 용어는 바깥세상을 기묘하게 투영하는 프리즘으로 작용한다. 농담은 공유물이다. 신체가 한 장소에 구속되면 정신은 그것을 보상하려고 끝없는 미로로 변한다. 가장 숨기 좋은 공간은 모두의 눈앞이다. 가장 효과적인 침묵은 다른 사람의 언어를 빌려 말하는 것이다. 바깥세상이라고 무엇이 다르겠는가?

아일랜드에 도착한 날 저녁에 섀넌강 강변을 배회했다. 낚시꾼 한 명과 정박한 배 한 척을 제외하면 사람의 흔적은 거의 없었다. 물새들과 갈대와 땅거미와 타국의 하늘. 이것들만으로도 삶이 살아갈 가치가 있다고 증명할 수 있을까? 강 건너편으로 골짜기가 굽이졌고 그 너머로는 맥가헌이 묘사한 길들이 있었다.

> 들판에 띄엄띄엄 흩어져 있는 집들을 연결하는 길들은 미로처럼 이리저리 꺾이다가 물줄기가 만나듯이 합쳐지며 큰길로 이어진다. 조붓한 그 길들은 지금도 사용된다. 길가의 높은 둑은 덤불로 덮여 있는데, 어떤 지점에서는 너무도 어수선히 웃자란 덤불이 나무와 얽히고설켜 지붕을 이룬다. 여름에 그 무성한 이파리 아래로 걸어가노라면, 마치 눈부신 빛줄기에 점점이 뚫린 초록빛 터널을 통과하는 듯했다.
> 내가 사는 곳에는 이런 길들이 도처에 있고, 이 길들을 걷다 보면 완벽한 안정감과 평온함이 가슴속 깊이 스미는 희귀한

순간들이 있는데, 이런 순간에는 마치 내가 영원히 살 수 있을 듯한 기분에 휩싸였다.

나는 "완벽한 안정감과 평온함이 가슴속 깊이 스미는"에 밑줄을 쳤고, 다음 순간 난폭하게 행동했다. 펜을 강에 던졌다. 펜은 소리 없이 가라앉았다. 곧바로 나는 후회했다. 나는 살면서 감정을 제어하지 못해 물건을 망가뜨리거나 파괴한 적이 없었다. 문을 쾅 닫거나, 접시나 컵을 깨거나, 종이를 갈기갈기 찢지도 않았다. 수집증이 있는 아버지에게서 물건을 아끼는 마음을 물려받았음이 분명하다. 하지만 아버지와 다르게 나는 그 어떤 물건이나 장소에도 마음을 붙이지 않았다. 과거에 바랐고, 지금도 바라지만, 사람에게도 마음을 붙이지 않았으면 참 좋았을 텐데. 그럴 수 있었다면 나는 늘 친절했을 터이다. 아무것도 망치지 않았을 터이다. 이런 질문을 할 필요도 없었을 터이다. 언제야 내가 너에게 충분히 좋은 사람이 될 수 있을까? 나의 반대쪽에 있는 너를 지움으로써 골칫거리인 나 또한 서술에서 제거할 수 있었을 테니까.

나는 어둠이 내려 책을 읽을 수 없을 때까지 강가에 머물렀다. 맥가헌이 회고록을 씀으로써 건드린 옛 상처는 치유될 수도, 잊힐 수도, 지난한 삶을 견뎠다는 명예의 배지로 삼을 수도 없다. 상처를 고스란히 드러냄으로써(아물기는 했다) 맥가헌은 빼앗긴 아름다운 것들을 향한 그리움과 그것들을 되찾고 싶은 갈망을 인정하는 듯하다. 그의 바람에 욕심은 없다. 욕심은 결핍감과 그 결핍을 어떻게 해서든지 채우려는 마음에서 비롯된다. 맥가헌은 자신의 바람을 잔잔히 품고 있다. 어쩌면 그래서 나는 그의 회고록을 읽기 힘들어하는지도 모른다. 누구의 삶이나 그렇듯이 나의 삶에도 결핍이 있는데, 나는 가지지 못한 것을 절대로 원하지 않기로 굳게 마음먹었다. 그러나 이러한 마음가짐 또한 욕심이리라. 아무것도 원하지 않는 마음은 모든 것을 원하는 마음만큼 극단적이다.

맥가헌이 회고록에서 묘사한 길, 매해 어김없이 꽃이 피는 길, 질병과 죽음이 방해하기 전까지 그가 매일같이 어머니와 누이들과 걷던 그 길은 베이징에서 내가 알던 길과 많이 다르지 않다. 화위안루는 비가 오면 양쪽 도랑에서 물이 넘치는 아스팔트 길이었다. 정원 길이라는 뜻이 무색하게도 길에 정원은 없었고, 길 옆으로 야생 포도와 도꼬마리, 이름은 모르되 계절에 따라 변하는 모습이 눈에 익은 잡초만 무성했다. 길을 벗어나지만 않으면 아이들이 걷기에 안전했다. 아버지가 핵 실험 때문에 집을 비운 어느 날에, 다섯 살이었던 언니가 화위안루를 따라 사십오 분을 걸어야 나오는 큰길로 가서 채소를 샀다. 내가 초등학교를 다닐 때 등하굣길은 우리 아파트 단지를 빙 둘렀고, 아파트 창문마다 어른이 서서 아이들이 말썽을 부리는지 감시했다. 그 길을 따라가면 우리가 여름에 메뚜기를 잡던 드넓은 들판을 가로질렀고,

금세라도 지붕이 무너질 듯한 야외 화장실이 길 옆으로 있었는데, 비가 내리면 진창이 되고 건조하면 파리떼가 꼬이는 이 야외 화장실은 학교와 동네 인민공사가 같이 썼다. 야외 화장실에서 학교까지 거리는 백 미터가 채 되지 않았지만, 그 구간은 사람들의 시야에서 완전히 벗어나 있어서 가장 위험했다. 내가 일 학년이었던 어느 겨울 오후에 나와 단짝은 그 길에서 칼을 든 남자에게 위협을 당했지만 다행히 도망쳤고, 교사들에게 알리러 학교로 도로 뛰어가는 내내 비명을 질렀다. 사 학년이 되었을 즈음에는 우리의 우정이 시들해져 더는 같이 집에 가지 않았는데, 그 친구는 칼을 든 남자와 또 한 번 마주쳐 화장실 뒤로 끌려갔다. 많이들 수군거린 불행한 사건. 그러나 이미 벌어진 일은 되돌릴 수 없었고, 따라서 어떤 대처도 없었다.

수많은 날에 나는 그 길을 누군가와 걸었으리라. 단짝 시절에 나와 그 친구는 등하굣길에 할 수 있는 놀이를 여러 개 지어냈다. 한번은 학교에서 주최한 영화 상영 행사에 언니와 갔는데, 버스비를 아끼려고 화위안루 끝까지 걸어갔다. 우리는 행사가 시작하기 한 시간 전에 출발했고, 십 분 간격으로 버스가 옆을 지나갈 때마다 버스 안에서 우리를 부르는 친구들에게 손을 흔들었다. 또 한번은 우리 가족과 같이 살던 할아버지가—어머니의 아버지—화위안루를 지나야 나오는 우체국에 나를 데려갔다. 할아버지는 우체국 전체를 구경시켜주었다. 카운터에서 녹색 제복을 입은 늙은 여자가 낡은 베갯잇에 싸여 있던 소포를 검사한 뒤에 다시 쌌다. 할아버지는 전보를 보내는 법을 내게 가르쳐주려고 녹색 모눈 카드에 메시지도 적었다. '우리 모두 잘 지내니 걱정하지 말렴.' 카드를 판유리 뒤에 서 있는 직원에게 전달하면, 몇 분 후에 직원은 전보가 그날 저녁에 도착할 예정이라고 말하며 영수증을 주었다. 지난 이십 년간 연락이 두절된 할아버지의 조카에게 보내는 전보였다.

  타인들과 공유한 순간들. 이 순간들을 글에 담는 이유는 그때 느낀 감정을 되살리고 싶어서일까. 그러나 나는 그 감정들을 과거에 두고 오려고 글을 쓴다. 나는 홀로 보낸 순간들에 관해 쓰는 편을 선호한다. 나는 혼자 걷기를 좋아했다. 야외 화장실 뒤에서 얼쩡거리거나, 한 손으로 자전거 핸들을 잡은 채로 다른 손으로는 자기 성기를 내보이고 있는 남자들은 중요하지 않았다. 나에게 돌을 던지려고 기다리고 있는 연상의 소년들도, 여러 별명을 날마다 돌려 쓰며(그중에는 미트볼도 있고 대두 붕어도 있다) 나를 모욕하던 언니네 반의 못된 여자아이도 중요하지 않았다. 이들은 내가 홀로 있던 순간의, 강렬한 만족감을 느낀 그 순간의 배경을 이루었다는 이유로 기억에 각인되었다. 또 하나의 기억. 우리 아파트 옆 어린이집은 벽돌 담벼락에 에워싸여 있었는데, 나는 벽을 따라 빙빙 돌며 벽돌들의 한가운데를 찔렀다. 언젠가는 모든 벽돌의 같은 곳에 같은 모양으로 내 손가락 자국이 남으리라고 굳게 믿으면서.

  고집은 묘하게 낙관적이다. 필연적인 일을 바람직한 일로 둔갑시킨다. 혼자일 수밖에 없다면, 나는 홀로 있음이 곧 행복이므로 내가 혼자 있고 싶은 것이라고 믿겠다. 홀로 있는 순간을 줄줄이 꿴 것이 곧 삶이라는 생각. 오류가 있는 생각임이 틀림없으나 좀처럼 그 생각을 내려놓을 수 없다. 혼자인 순간들의 사이, 즉 남들과 보내는 순간들은, 그들이 사라질 때를 대비하는 시간이다. 이것을 정확히 거꾸로 보는 관점이 있다는 사실을 나는 이론적으로밖에 이해하지 못한다. 시간의 선상은 고립으로 빠져드는 순간들로 점철되어 있다. 타인들이 내게서 사라지는 것이 아니라, 타인들에게서 내가 사라진다.

  고집은 비관적이기도 하다. 바람직하지 않은 일을 필연적으로 둔갑시킨다. 내게 익숙한 불행—어머니의 새된 외침, 아버지의 침묵, 언니의 원망—이것은 날씨나 국가 정세처럼 그저 견딜 수밖에 없었다. 우리가 자문한 적이 있던가. 우리가 왜 그토록 외로운지, 자부심이 강한지, 거짓된 모습을 완벽하게 유지하려 기를 쓰는지? 우리는 비밀을 꼭꼭 숨겼다. 세상에게도, 스스로에게서도. 운명론을 양분으로 삼아 금욕주의 정신을 키웠다. 어머니의 행동을 서슴없이 수용한 우리의 모습을 직시하기를 나는 수십 년이나 거부했다. 나의 결혼식 날에 어머니가 이제 자신에게 남은 희망은 내 이혼뿐이라고 말했을 때조차. 우리는 이런 순간들을 기억 속에서나 남들과 이야기할 때나 농담거리로 웃어넘긴다. 시청의 미국 국기와 아이오와주 주기 앞에서 친구 두 명을 증인으로 두고 신속히 진행한 우리 결혼식에서 주례를 담당한 존슨 주판사가 나중에 지방검사와 눈이 맞아 바람을 피웠다는, 조용한 도시에 한바탕 소란을 일으킨 가십과 함께. 웃음은, 아무리 부족할지언정, 우리를 감싸 보호해준다.

내가 받은 최초의 문학 교육의 하나로 막심 고리키의 자전적 삽화집을 들 수 있다. 『어린 시절』, 『세상 속으로』, 『나의 대학』. 이 세 권은 손바닥만 한 크기에 생생한 잉크 드로잉이 첨부된 축약판으로, 일명 '소인서'라고 불렸지만 어린이들을 위한 책은 아니었다.(내가 좋아하는 중국 작가 중 한 명인 선충원은 이런 책들 탓에 공산주의 중국에서 문학이 사라지고 있다고 개탄했다. 이 책들은 글을 모르는 사람도 그림을 보고 내용을 짐작할 수 있다. 내가 한자를 깨우치기도 전에 고리키의 자전을 읽었다는 사실만 보아도 알 수 있겠지만.) 그래도 이 책들은 어린 나에게 무한한 기쁨을 안겨주었다. 내 소유라고 부를 수 있는 것들이 거의 없었던 시절에 이 책들은 내 것이었다. 이 책들은 지루할 틈이 없었다. 고리키의 할아버지는 할머니를 때린다. 의붓아버지는 어머니를 걷어찬다. 그의 삼촌들은 어느 순박한 젊은이를 꾀어 무거운 십자가를 묘지까지 걸머지고 가게 만든 다음에, 젊은이가 십자가 무게를 못 버티고 깔려 죽는 모습을 무덤덤하게 지켜본다. 고리키는 수련생 시절에 몽둥이로 얻어맞는다. 몇 쪽을 넘기기가 무섭게 사람들이 연달아 죽는다. 고리키의 아버지, 형제, 어머니. 울적한 선율을 휘파람으로 불던 젊은이는 결핵으로 죽는다. 친구들과 이웃들과 낯선 사람들이 줄줄이 죽어나간다. 그때 나는 빈곤, 불평등, 고리키의 정치적 각성 등 책의 메시지는 이해하지 못했다. 인물들의 다채로움에 푹 빠졌을 뿐이다. 쓰레기를 주워 파는 사람들, 부유한 친척들, 선원들, 소도시 주민들, 신부들, 조각상을 칠하는 사람들, 상점 주인들, 부두 노동자들, 과부들, 매춘부들, 거지들, 팔이 하나뿐인 사람, 눈이 먼 사람, 아름다운 시를 듣고 눈물을 흘리는 요리사, 고리키에게 책을 빌려준 미인, 일꾼이 독살한 돼지를 애도하는 사나운 빵집 주인.(생각해보면 나는 참 이상한 방식으로 러시아 문학에 발을 들였다. 고리키로 러시아 문학에 입문하는 일은 근처에 만리장성이 있다는 사실을 모르고 오두막의 지붕에 오르는 것에 비할 만하다.)

지금 다시 읽어도 그 책들의 매력을 알아볼 수 있다. 고리키의 삶에서 다른 사람들은 모두 망가지고 패배하지만, 고리키는 시련을 겪을 때마다 더 강해지고 용감해지고 근사해져 언제나 주인공으로 남는다. 그의 이야기는 하나의 드라마에서 다른 드라마로 넘어간다. 실로, 드라마들 사이에 삶이 끼어들 틈이 없다.

시간의 선상에서 드라마들 사이의 공간. 고리키는 그 공간을 기꺼이 삶에서 오려냈다. 그 공간에서 맥가헌은 글을 쓰고 살아갈 마음의 평화를 찾은 듯하다. 내가 고리키의 방식을 택했다면 무척 불행했을 터이다. 맥가헌의 방식은 온전히 이해하지 못하지만 존경한다.

평온함이란 무엇일까? 안정감이란 무엇일까? 나의 바람은 오직 하나, 절망이 다시 한번 나를 덮칠 때 그 누구의 방해도 없이 홀로 몸을 둥글게 말고 꼼짝도 하지 않는 것. 며칠 전에 맥가헌의 회고록 끝부분을 다시 읽고 울었다. 맥가헌이 어머니를 추억하며 자기들이 사랑한 길을 이야기하는 부분이다.

그 여름의 길을, '주문을 거는' 야생화가 흐드러진 둑을 따라 다시 함께 걸을 수 있다면, 아마도 우리는 차마 입을 열지 못하리라. 나는 지역 뉴스에서 들은 소식을 빠짐없이 어머니에게 말해주고 싶겠지만 입을 떼지 못하리라.
우리는 길에서 벗어나고, 나는 수많은 발길이 호수 사이를 지나며 만든 오솔길로 어머니를 데려갈 터이다. 무성한 덤불 아래로 수달이 오가는 길이다. 호수 가녘에 서서, 물고기 뼈와 푸른 가재 껍데기가 널린 녹색 풀밭을 어머니에게 보여주리라. 물속에서 수달은 교미할 수컷을 찾아 휘파람을 불고, 할 일을 마치면 수컷을 제 영역으로 도로 쫓아낸다. 나란히 헤엄치면서 갈대밭 깊숙이 숨겨놓은 둥지를 번갈아 보살피는 다정한 백조들과 딴판이다. 우리는 호수 위로 펼쳐진 거대한 하늘로 시선을 들고, 하늘이 어머니의 삶이 시작된 그 나지막한 산의 능선과 만나는 지점까지 눈으로 좇을 것이다.

나의 일부를 중국의 그 길에 두고 올걸. 그랬다면 그 길에 두고 온 나의 일부가 지금의 내 삶을 슬쩍 보고, 탈주자로 살기로 한 결심이 옳았다는 사실을 알 수 있었을 텐데. 그 대신 나는 이 세상 그 어디에도 존재하지 않는 듯한 기분을 아껴가며 조금씩 그러쥔다. 문장이 이어지는 한 현실을 저만치로 밀어내주는 책들을 읽고, 내게 무관심한 인물들의 삶에 관한 이야기를 지어내면서.

내가 이 사실을 너무 늦게 알아차렸을까. 운명론자는 운명이 미리 정해놓은 길을 무턱대고 따르는 것이 아니다. 운명론자는 계속해서 자신의 직관을 억누르고 그 직관에 어긋나는 결정을 내린다. 우리의 자아 가운데 혼자여야 행복하고 자유로운 부분은 사람들 사이에 살기에 적합하지 않다. 그 자아는 자신이 존재할 권리를 헛되이 애써 설명한다. 드라마를 피하고 감정에 휘둘리지 않으려고 하지만, 그렇게 피하다가 오히려 멜로드라마에 휩쓸린다. 그리하여 우리는 약해지고 수치심을 느끼고 두려워한다. 우리의 삶은 하나의 경고성 이야기가 된다. 그러나 이 자아를 제거한 삶은 또 다른 종류의 경고성 이야기가 된다. 잊으려고 사는 삶은 기억하려고 사는 삶이기도 하다.

ooooo

리트림주에서 보낸 둘째날에 무대에서 인터뷰를 했다. 인터뷰 내용을 잘 기억하지는 못하지만, 지금도 남아 있는 맥가헌의 시골길과 이제는 사라진 베이징의 길을 이야기했다. 강당의 가파른 좌석에 매년 축제에 참가하는 사람들이 가득 앉아 있었다. 내가 그 장소들을 맥가헌의 방식으로 묘사하자 사람들은 동감하는 소리를 웅얼거렸다. 한 노인이 말했다. 말하면서 시선을 드는 모습이 꼭 존을 닮았네요. 나는 감동을 받았다. 중국인 여자가 아일랜드인 남자를 닮았을 리 없으니, 애정과 추억에 젖어 한 말이 분명했다.

인터뷰를 마친 뒤에 나는 맥가헌의 누이를 만났다. 나는 맥가헌의 책에 관해 무어라 말했고, 시골길이 다시 화제로 올랐다. 저는 그 길들을 절대 잊지 못할 거예요. 나는 말했다.

저는 당신의 병아리들을 절대 잊지 못할 거예요. 맥가헌의 누이는 말했다. 조금 전에 나는 무대에서 나의 중편소설 『친절』의 일부를 읽었다.

> 내가 다섯 살이었던 어느 일요일에 행상인이 갓 태어난 병아리들을 대나무 소쿠리에 가득 담아서 우리 동네에 왔다. 매주 일요일마다 그랬듯이 나는 식량 배급을 받으러 가는 아버지 뒤를 졸졸 따라가고 있었다. 그때 행상인이 내 손바닥에 병아리를 올려놓았다. 부드럽고 따뜻한 작은 몸이 끊

임없이 떨렸다. 병아리를 사달라고 미처 입을 열기도 전에 나는 울음을 터뜨렸다. 우리집은 부유하지 않았다. 아버지는 청소 노동자였고, 내 기억 속에서 늘 아픈 모습인 어머니는 일을 하지 않았다. 아버지를 따라 배급을 받으러 다니기 전에 나는 동전과 작은 단위 지폐를 세는 법을 일찌감치 배웠다. 우리집 사정을 아는 사람이 그 자리에 있었다면, 두 여자가 내게 병아리 두 마리를 사주겠다고 나섰을 때 아버지의 난감한 표정을 보고 안쓰러워했을 터이다. 집에 돌아가는 길에 아버지는 병아리가 너무 어려서 하루이틀도 살기 힘들지도 모른다고 조심스레 말했다. 나는 신발 상자와 신문 쪼가리로 병아리들의 집을 만들고, 수수 낱알을 물에 불려 모이로 주었다. 다음 날 병아리들이 비실거리기에 아스피린을 물에 녹여 주었다. 병아리들은 이틀 후에 죽었다. 내가 이마에 점을 찍고 땡땡이라는 이름을 붙인 병아리가 먼저 죽고, 버섯이 뒤따랐다. 아버지가 물이 새는 싱크대를 고쳐주러 이웃집에 간 사이에 나는 부엌에서 달걀 두 알을 훔쳤다. 그 무렵에 어머니는 집을 자주 비웠다. 나는 달걀을 조심스레 깨뜨리고 흰자와 노른자를 빼냈다. 그러나 아무리 애를 써도 병아리들을 달걀에 다시 넣을 수 없었다. 이날까지 나는 달걀 껍데기 반쪽을 머리에 쓰고 있는 땡땡이를 기억한다. 이마의 점을 가린 우스꽝스러운 작은 모자.

그날 이후로 나는 배웠다. 삶은 그렇다고, 하루하루가 달걀 껍데기 속으로 돌아가기를 거부하는 병아리처럼 끝난다고.

ooooo

이 이야기가 실화냐는 질문을 자주 듣는다. 나는 끝까지 대답하지 않고, 사람들은 나의 침묵을 수줍은 긍정으로 단정한다. 그러나 나는 병아리를 키운 적이 없다. 배급 장부를 들고 아버지를 따라간 수많은 일요일에 나는 무엇 하나 원하지 않았다. 우리 집 사정을 아는 사람들도 없었다. 그렇지만 웬 여자가 나를 어른처럼 대우하며 대화를 시도한 적이 있다. 부모님보다도 나이가 많은 여자가 왜 나를 지목했는지 당최 이해할 수 없었고, 창피했다. 어머니와 어머니의 친구들은 늙은 여자가 나를 친구로 삼으려든다며 비웃었다. 그 여자가 보이면 나는 길을 건너 피했다.

그러나 세상 속 자신의 존재를 설명하지 않아도 될 때 세상은 무척 즐거운 곳이다. 안마당에 가게들이 즐비한 협동조합 시장은 번잡했으나, 서로 밀치고 소리치고 때로는 낯선 사람끼리 주먹다짐까지 하는 혼돈을 견딜 수 있을 정도로 구경거리가 많았다. 내가 줄을 서서 비누, 가루 세제, 성냥, 그리고 아주 가끔씩 동물 모양 크래커 오백 그램을 사곤 하던 잡화점에는 사람들 머리 위로 전동 선이 설치되어 있어서, 가게 직원이 현금을 금속 클립에 꽂으면 돈이 전동 선을 타고 계산원에게 전달되고 잔돈과 영수증이 돌아왔는데, 어쩌면 그리도 척척 처리되는지 나로서는 도저히 이해할 수 없었다. 다른 카운터 뒤에는 유리병들이 크기 순서로 줄줄이 세워져 있었는데, 가장 작은 것이 내 키와 비슷했고 각 병마다 뚜껑에 추출 장치가 달려 있었다. 손님이 병을 직원에게 건네주면 직원은 레버를 올려 정확한 양의 액체를—간장, 식초, 참기름, 식용유 등—뽑아 병에 담아주었다. 육류와 어류를 파는 가게는 한쪽 벽부터 반대편 벽까지 이어지는 거대한 도마를 뽐냈다. 이곳은 늘 차고 습한 반면에 쌀과 밀가루와 콩과 옥수수 전분을 파는 가게는 늘 건조하고 따뜻했다. 나는 이 가게를 가장 좋아했다. 아버지가 배출구에 주둥이를 끼운 포대를 같이 잡을 수 있게 허락해주었기 때문이다. 직원이 배급량을 재고 금속 팬을 뒤집으면 둔탁한 소리와 함께 뿌연 가루가 뭉게뭉게 피어올랐고, 쌀이나 밀가루가 포대 속으로 쏟아지며 손에 무게감이 느껴졌다.

겉으로는 세상의 기대에 한껏 부응하면서도 내면은 텅 비어놓은 채로 살아가기. 그런 삶의 비밀을 표현할 언어는 갖추지 못했으나 나는 성장기에 이미 그렇게 사는 법을 통달했다.

강당을 떠나면서 나는 궁금해했다. 그 직관을 언제 어디서 어쩌다 잃었을까? 왜 우리는 사람들과 어울리라는 말을 들을까? 애착을 키우는 과정에서 우리는 자아를 확장할까, 아니면 자기 보존에 중요한 수단을 잃어버릴까? 애착은 위험하다. 그 대상이 사람이건 장소이건 직업이건 소명이건 자신의 생명이건, 사람은 애착에 이유가 있다고 스스로마저 속여버리거나, 심지어 더 위험한 경우에는, 그 이유를 자신의 권리로 착각하고야 만다.

ooooo

우리는 배를 타러 부두에 모였다. 그 전날 저녁에 본 문리버라는 배를 타고 맥가헌이 자란 도시인 쿠트홀의 막사로 갈 계획이었다. 맥가헌의 누이가 우리에게 작별을 고했다. 저분은 안 가세요? 내가 묻자, 어떤 사람이 그가 축제 첫해에는 함께 갔지만 그 막사들을 수십 년 만에 다시 보고 너무 괴로워했다고 말해주었다. 배가 서쪽으로 나아갈수록 섀넌강은 넓어졌다. 강 너머 맥줏집의 야외 자리에서 술을 마시던 사람들이 손을 흔들어 인사했고 우리도 손을 흔들어 응답했다. 작은 배가 수상스키를 끌고 우리 배 옆을 지나쳤는데, 우리가 수상스키를 타는 사람의 실력을 보기도 전에 그는 균형을 잃고 넘어졌다. 배에 탄 친구들은 알아채지 못한 채로 계속 나아갔고, 넘어진 젊은이는 물에 잠겼다가 떠오르기를 반복하며 웃었다. 저만치 하류의 양쪽 강둑으로 신축 건물들이 늘어서 있었는데, 아직 완공되지 않았거나 완공된 채로 비어 있었다. 아일랜드 전역에서 흔히 보이는 안타까운 광경이다. 버려진 빈집들. 빈집보다 더 서글픈 광경. 경제 호황 때 부를 상징하던 말들이 이제는 버림받아 비쩍 마른 채로 야생을 헤매고 있었다.

쿠트홀에서, 그리고 맥가헌의 회고록에 등장하는 헨리스 바로 걸어가는 길에서도, 사람들이 다가와 나와 대화를 나누었다. 그들은 길을 가리키고, 저녁 햇살 속에서 빛나는 미나리아재비를 가리키고, 또 맥가헌의 소설에 등장했다고 알려진 사람들이 묻힌 묘지를 가리켰다. 내가 특히 좋아하는 『여자들 사이에서』와 『호숫가에서』의 인물들도 그곳에 묻혀 있다고 했다. 축제에 참석한 사람들 대부분이 맥가헌을 실제로 알았다. 다른 사람들은 그의 오랜 독자였다. 잉글랜드에서 온 노부인은 자기 아버지가 쿠트홀 근방 출신이라고 했다. 한 남자는 동네 사람 두 명이 서로 자기가 소설 속 인물의 원조라고 우기며 다투었다는 일화를 들려주었다. 실제로 아는 사람들을 소설에 넣느냐는 질문에 나는 고개를 저었다. 절대, 절대, 절대. 나는 몸을 부르르 떠는 척했고, 그는 웃음을 터뜨렸다.

왜 자전적 이야기를 쓸까? 자전적 이야기를 씀으로써 모종의 자유를 얻으리라는 믿음이 있음이 틀림없다. 고리키는 자신이 굳게 신뢰하는 체계를 척도로 세상을 판단할 수 있을 때 자유를 느낀 듯하다. 옳고 그름, 선하고 악함, 미래와 과거, 이 모든 것들이 칼같이 상반을 이루는 체계. 다른 사람이나(자기 아버지를 포함하여) 자신을 재단하지 않은 맥가헌에게는 자유가 무엇을 뜻했을까? 그러나 독창성과 마찬가지로 자유는 보편적인 환상이라는 점에서만 흥미롭다. 사람들이 자유를 추구하는 모습보다는 자유의 부재를 견디는 현상이 나는 더 흥미롭다. 더구나 목놓아 자유를 부르짖는 사람들은 독창성을 내세우는 사람들처럼 어딘가 좀 뻔한 구석이 있지 않은가.

자기 자신을 지우려고 글을 쓰는 것이 아니라면, 글을 왜 쓸까? 소설을 쓰던 중에, 그 소설을 쓰는 일이 급격히 무너지던 나의 정신과 뒤엉킨 적이 있다. 심지어 나는 그 소설이—별 뜻 없이 살인을 저지르는 내용이 담긴—내 삶의 좋은 요소들을 마구잡이로 파괴하고 있다고 탓하기에 이르렀다. 그러나 그런 억지스러운 생각은 내가 도저히 해소할 수 없는 내적 갈등을 어떻게든 정당화하려는 핑계일 뿐이라는 사실을 내심 잘 알았다. 과학자의 길을 포기했을 때 나는 글을 씀으로써 나의 존재를 지울 수 있다고 철석같이 믿었다. 몇 년 동안은 그것이 가능했다. 나의 존재를 인식하지 못하는 인물들 사이에 살면서 비존재의 상태를 만끽했다. 하지만 내가 창조한 인물들은 나와 다르게 살기를, 더 낫거나 정직하거나 현명하지는 못하더라도, 적어도 더 충만하게 살기를 소망하면서, 언제까지 그들에게 감정적으로 들러붙은 채로 살 수 있을까? 모질게 쓴다. 너무 많이 느끼지 않으려고. 모질게 쓴다. 느끼는 그 자아에 가까워지려고.

헨리스 바는 북적거렸다. 친구들과 지인들이 서로 반겼다. 어깨 위로 술잔을 주고받았다. 얼마 후에 소란이 가라앉자 사람들은 앞으로 나가서 맥가헌의 회고록과 소설에서 발췌한 문장들을 읽었다. 암기하여 읽는 사람도 있었다. 독자들이 차례차례 읽었고, 그다음에 참으로 자연스럽게 그리고 아무 소개 없이 맥가헌의 목소리가 들려왔다.

ooooo

일주일 뒤에 어머니가 집으로 돌아왔다. 어머니는 건강하고 행복했고, 곧장 학교에 복귀했다. 매일 아침에 우리는 어머니와 함께 조그만 철제 교문으로 이어지는 오솔길을 걸었다. 길바닥의 광재를 밟으며 브레이디의 집과 수영장과 늙은 메이헌 형제의 집과 어둡고 깊은 채석장을 지나고, 철도 다리를 건너 메이헌 형제네 상점 근처 언덕을 올라 학교에 갔다가, 저녁이 되면 그 길을 되밟아 돌아왔다. 그 시기였다고 확신한다. 별일 없이 잔잔하게 매일매일을 보내는 삶이, 변화를 느끼지 못하는 채로 소중한 하루에 집중하는 조용한 삶이 최고라고 내가 믿게 된 것은.

맥가헌의 목소리를 그때 처음 들은 사람은 나 말고 몇 명 없었던 듯하다. 맥가헌의 회고록에서 내가 거듭 밑줄을 친 그 부분은 꿈이 있으며 또한 자신에 대한 믿음이 확고한 이들만이 손에 넣는 깨달음이다. 나는 맥가헌을 부러워했을까? 그렇다, 그 순간에는 부러워했다. 그의 말을 믿고 싶었으니까. 그러나 나는 마음속에서 불신을 느꼈다. 나도 그런 깨달음을 얻은 척은 할 수 있었다. 평온함의 가면을 쓴 채로 삶의 많은 순간을 유유히 지나쳤다. 겉모습을 본모습으로 위장할 수 있을 만큼 자신감은 있었다. 그러나 그 자신감은 나를 대체한 텅 빈 껍데기다. 내 삶에 나라는 존재가 등장하는 순간 나의 자신감은 무너진다. 가질 수 없는 것 없이 살 수 있을까? 나를 지울 수 없어도, 나의 지울 수 없게 만드는 사람들과의 관계가 없이도?

다음 날에 아일랜드인 작가 한 명이 시골을 구경시켜주었다. 우리는 차를 타고 아일랜드 공화군(IRA) 추모관을 지나쳤고, 반 마일을 더 가니 나이 지긋한 남녀가 뗏장을 만들고 있었는데, 날씨가 좋아서 그들이 일을 많이 할 수 있겠다고 작가는 말했다. 우리는 성을 개조한 호텔 안의 맥가헌 도서관에 갔다. 전 아일랜드 수상 버티 어헌이 기증한 금빛 명판이 있었는데, 전 수상의 이름은 파손되어 있었다. 아일랜드 경제 침체에 그가 한몫했다는 원망 때문이라는 설명이 적혀 있었다. 그것을 보니 중학교 때 선생 한 명이 생각났다. 그 선생은 공산주의 이론 수업에서 귀가 아프도록 공산주의를 찬양해서 아이들의 미움을 받았다. 누군가 그 선생의 이름을 학교 근처 원명원의 오래된 누각 기둥에 새겼고, 경찰이 투입되어 조사하는 사건이 벌어졌다. 소문이 퍼지자 우리 모두 점심시간에 구경을 갔다. 시위자라면 누구나 유치한 보복을 즐길 줄 아는 법이다.

우리는 맥가헌의 무덤으로 갔다. 맥가헌은 조그맣고 하얀 성당 근처의 묘지에 그의 어머니와 함께 묻혀 있다. 어머니와 아들의 이름이 조각된 비석 뒤의 대문으로 나가면 그늘진 오솔길이 나오고, 저만치에 번듯한 집 한 채가 잘 가꾸어진 나무들 사이에 반쯤 가려져 있다. 그 집이 성당의 부속 건물인지 내가 궁금해하자 안내인은 그렇지 않을 거라고 했다. 그때 생각났다. 맥가헌의 어머니가 죽었을 때 맥가헌의 아버지가 직접 묘터를 구상했는데, 계산을 잘못한 바람에 묘터가 돌런이라는 가족의 집에서 성당으로 가는 길을 가로막았다. 돌런 일가는 일반 신도들이 드나드는 성당 정문 대신에 자신들만의 길을 따로 쓰는 특권을 누렸었는데, 성당에 땅을 기부한 덕분이었다. 법적 분쟁이 일어났고, 돌런 일가를 달래야 했다.

그들의 늙은 삼촌을 생생히 기억한다. 찰리 돌런, 미국에서 오래 살다 왔으며 낚시를 좋아했다. 여름에 거의 매일같이 그는 개러다이스를 오가면서 코러마헌에 있는 우리집 앞을 지나쳤다. 월척을 낚기라도 하면 그는 꼭 물고기를 자전거 핸들에 매달고 다녔다. 무릎이 물고기 몸통에 철퍼덕철퍼덕 부딪혀 자전거 페달을 밟기가 불편하고 물고기 꼬리가 길바닥 먼지를 쓸고 다녀도 말이다…. 어린아이 같은 세상이었다. 그가 왜 그러는지 다들 뻔히 알았다. 사람들은 길모퉁이에서 찰리를 멈춰 세우고는 대어를 보고 감탄했다. 괴물처럼 큰 물고기를 끌어내리려면 기적이 필요했겠네요. 찰리는 자랑할 기회를 단 한 번도 놓치지 않았다. 타인들의 인정과 칭찬에 목마른 이런 마음은 인간의 외로움에서 비롯되었음이 분명하다.

그 길과 집과 장소들에 깃든 이야기를 기억한 순간들. 그 여행 중에 나의 정신이 가장 맑았던 순간들이다. 평온하지는 않았으나 안정적이었다. 누군가의 삶에서 틀림없이 일어난 사건들이 확실한 증거를 남겨놓았다. 맥가헌은 자신의 가족과 이웃들 사이에서 살았고, 그들 사이에서 글을 썼다. 실존 인물이나 허구 인물이나, 그의 작품 속 인물들은 자신들의 창조자보다 더 낫지도, 더 못하지도 않다. 다시 말하지만, 특출난 그의 동포 작가들과 달리 맥가헌은 독창성을 추구하는 데 한시도 낭비하지 않았다. "고향의 사람들과 언어와 풍경은 내게 숨결이나 다름없었다." 맥가헌은 회고록의 끝부분에서 말한다. 기억을 되밟으려는 충동은 자연스럽다. 고통과 감정 사이로 새롭게 경계를 그으며 안도감을 느낄 수 있다. 기쁨도 느낀다.

베이징에서 내가 홀로 걷던 길은 사라졌다. 만약 도시가 변하지 않고 그대로 남았더라도, 나는 그곳의 사람들과 언어와 풍경에서 등을 돌렸다. 나의 경우에 귀향은 다시 떠난다는 전제가 붙은 경우에만 의미 있을 터이다. 영영 돌아가는 일은 체념을 뜻한다. 사람들 사이에 존재하기. 그것이 가능하려면 남들과 편히 공존할 수 있어야 할까? 자기 자신을 오롯이 받아들일 수 있어야 할까? 그러나 어지러운 마음은 고향에서 발길을 돌려야만 비로소 차분해지는데, 고향에서는 평생 두려워한 애착의 위험에 자꾸만 노출되는 탓이다. 마찬가지로, 글을 쓰려면 세상에서 꼭꼭 숨고 싶은 본능에 맞서야 한다. 입으로 내뱉는 말과 손으로 쓰는 글, 타인과 자신에게 드러낸 꿈과 두려움과 희망과 절망, 이것들은 모두 달걀 껍데기에 다시 넣을 수 없는 병아리와 같은 운명을 맞이한다.

기억은 아무도 피할 수 없는 멜로드라마

슈테판 츠바이크와 아내 로테의 동반 자살을 가장 몰인정하게 비난한 사람은 토머스 만이었다.

"츠바이크는 절박함은커녕 비탄에 빠져 자살했을 리도 없다. 그의 유서에 담긴 설명은 부족하기 짝이 없다. 삶을 재건하기가 너무 힘들다니, 그게 대체 무슨 소리인가? 그의 아내가 이 자살 소동에 한몫했음이 분명하다. 무언가 수치스러운 일을 감추려고 그랬을까?"

완벽하게 고립된 채로 살았다면 모를까, 사람의 죽음은 늘 사적인 순간에서 공적인 사건으로 변한다. 인간이 내릴 수 있는 가장 사적인 결정이라고 할 수 있는 자살은 너무도 자주 대중의 소유가 된다. 누군가의 자살을 두고 강한 감정을 표하는 이들은 자기가 그 이야기의 중심에 있다고 착각한다. 자살을 둘러싼 극한 감정들, 분노하거나 안타까워하거나 용서하지 못하거나 심지어 비난하는 이 모든 감정들은 자기에게 권리가 없는 것을 요구한다. 해명, 그리고 그 해명을 평가할 권한.

죽고 싶은 소망은 살고 싶은 의지만큼이나 맹목적이고 직관적일 수 있으나, 살고 싶은 의지는 추궁을 당하지 않는다. 자살은 드라마가 어긋나 멜로드라마의 영역으로 들어선 것이라고 일축되기도 한다. 비극은 연민의 눈물을 자아내고 희극은 통찰의 웃음을 끌어낸다면, 멜로드라마는 단절감과 창피함을 불러일으킨다. 멜로드라마에 눈물을 흘릴 때 우리는 감정을 조종당했을지도 모른다고 의심하며 반발한다. 멜로드라마에 웃을 때는 자신이 그 터무니없음을 초월했다고—과연 그럴까—자신한다. 그러나 이러한 마음가짐은 멜로드라마를 오해한 탓이다. 비극이나 희극은 관객이 있어야만 성립하므로 무언가를 반드시 제공해야 하고, 자신을 공유함으로써 눈물이나 웃음을 끌어낸다. 멜로드라마는 그처럼 전략적이지 않다. 멜로드라마는 감정을 느껴야 하는 자기 내면의 필요를 따를 뿐 외부의 기대에 부응하지 않는다.

자살을 변호하려는 의도는 없다. 한때는 그랬을지 모르지만, 이제 나는 내 행동을 변호하나 비판하나 결국에는 같은 주장인 지점에 이르렀다. 나는 내 입에서 나오는 모든 말을 철저히 검사한다. 단어와 논리뿐 아니라 동기 또한 검사한다. 자가면역질환을 앓는 신체처럼, 나의 정신은 자신이 창조하는 모든 생각과 감정을 겨냥한다. 스스로를 파헤치느라 쉴 새가 없다.

이상적인 논쟁에서는 양측이 성심껏 각자 의견을 피력하고 상대의 의견을 진지하게 받아들이며 새로운 무언가를 발견한다. 그러나 논쟁이 이상적일 수 있다는 믿음은 완벽한 사랑을 꿈꾸는 젊은이의 환상만큼이나 순진하다. 인간의 본능적인 소유욕은 애정과 논쟁을 전혀 다른 무언가로 둔갑시킨다. 이기느냐, 정복하느냐, 소유하느냐, 파괴하느냐의 문제가 된다.

그렇게 변질한 상태의 논쟁에서는 적합한 상대를 찾는 일이 중요한 재능으로 등극한다. 기를 죽이거나 힘으로 몰아붙여 자기 말에 수긍하게 강요할 수 있는 상대. 그런 재능을 뽐내려면 관객이 필요하다. 세상 사람들은 츠바이크의 죽음을 두고 토머스 만을 계속 인용할 터이다. 그러나 끝에 가서 승리하는 것은 츠바이크의 침묵이다.

자가면역질환을 앓는 듯한 정신을 다스리는 방법이 하나 더 있다. 한 친구는 타인들의 관점을 이용해 자기 생각을 억누른다. 타인들의 관점에 오류가 있다는 사실을 뻔히 알면서도 말이다. 정신은 스스로를 공격하지 않고자 자발적으로 두 개로 분열된다. 하나는 타인들에게 맞춤으로써 보호를 받는다. 다른 하나는 조용히 숨어 있음으로써 정복을 피한다. 억눌러 보존한 자아가 결국 살아남을 터이다.

언니의 대학 동기는 루푸스를 앓았다. 그는 요절할 가능성을 담담하게 받아들인 듯했는데, 실제로 이 년을 못 넘기고 죽었다.

기숙사의 이층 침대에 누운 채로 그는 홍콩의 부잣집에서 보디가드로 일하는 남자친구 이야기를 했다. 남자친구가 사준 비싼 드레스들을 친구들과 동급생들에게 물려줄 계획이라고 말했다. 엘리자베스 보엔의 전기에서 보엔의 어머니에 관한 부분을 읽고 언니의 그 친구를 떠올렸다. 사십 대에 암 진단을 받은 보엔의 어머니는 몇 달밖에 남지 않은 죽음에 관해 명랑하게 이야기한다. 나와의 첫 만남에서 윌리엄 트레버는 자신이 묻힐 장소를 알려주었다. 그다음 여름에 나는 아일랜드의 그 바닷가 마을을 방문했는데, 감상적인 충동에 떠밀렸다고는 할 수 없다. 자기가 죽고 나서 친구들에게 전해질 드레스에 관해 이야기하는 여자를 눈 한 번 깜박이지 않고 덤덤히 지켜보던 아이에서 나는 많이 변하지 않았다. 나는 늘 믿어왔다. 삶과 죽음 사이에, 존재하다가 더는 존재하지 않게 되는 그 순간에, 죽음에 가까운 사람들이 이해하는 모종의 비밀이 있다고. 나도 그 비밀을 알고 싶다.

그러나 무언가를 안다고 반드시 그것을 이해한다는 법은 없다. 병원에서 보낸 시간 중에서 자꾸만 기억나는 순간이 있다. 간호사가 나를 잡으러 복도를 달려와 쫓아왔다. 아침 모임에서 모든 환자가 그날 이룰 수 있는 목표를 하나씩 말해야 했는데, 나는 도저히 그 자리에 앉아 있을 수 없었다. 간호사는 엄격한 인상이었고, 마른 체구에 머리카락은 은빛에 가깝게 탈색했다. 이해하셔야 해요. 간호사가 말했다. 자살은 이기적이에요. 나와 가까운 한 사람은 자살은 무책임하다고 말했다. 또 다른 사람은 자살은 타인을 조종하려는 수작이라고 말했다. 그래요, 당신 말이 무슨 뜻인지 알아요. 나는 그들에게 말했다. 이해는 의지로 해낼 수 없으며, 이해하지 못한다면 감정을 논할 자격이 없다. 인간은 타인의 감정을 완벽히 느낄 수 없고, 이것은 만인에게 공평히 해당하는 삶의 진리이지만, 때로 사람들은 이 사실을 이용해 타인을 재단한다. 무언가를 알고 이해하는 일은 자살로 이어지지 않는다. 자살은 항상 감정에서 비롯된다.

우리는 삶에서 멜로드라마를 피한다. 관객으로서 피하고, 직접 휘말리는 일은 더더욱 피한다. 원래 멜로드라마는 무대에서 대사나 판토마임의 배경으로 연주되는 음악을 뜻했다. 다른 의미로 쓰이게 된 뒤로도, 멜로드라마는 플롯을 서술하거나 인물을 형성하는 것이 아니라 감정을 불러일으키는 역할을 한다. 그런데 감정에는 화폐처럼 값이 붙어 있다. 사람들은 타자와의 관계에서 스스로 감정을 조절할 수 있다고 믿고 싶어한다. 너와 공감해. 네가 그렇다니 정말 기쁘다. 내가 다 화가 나네. 사람들은 이런 말들도 한다. 너는 내 사랑을, 연민을, 존중을, 미움을 받을 가치가 없어. 이런 표현은 관계에서 각자가 어떤 위치인지 암시한다. 감정을 느끼는 쪽은 원하면 감정을 거둘 수 있고, 자기 기대가 충족되지 않으면 과연 그렇게 할 것이다.

군대에서 절망감에 시달린 적이 있는데, 삶의 해결책은 소총의 방아쇠를 당기는 일뿐이라는 생각이 들었다. 나는 도저히 감행할 수 없었다. 그 이유는—물론 이 기억은 거짓인지도, 다른 진실을 피하고자 내 정신이 기억을 각색했는지도 모른다—내가 무고한 두 사람의 커리어는 물론이고 어쩌면 그들의 삶까지 망가뜨릴지 모른다는 걱정이었다. 사격 훈련을 관장하던 조교와 소대장은 둘 다 내게 친절했다. 그들은 내 머릿속에 맴도는 멜로드라마를 상상도 못했을 터이다. 그 시절에 사람들이 나를 어떻게 보았을지 나는 정확히 안다. 전투 훈련 중에 안경이 깨지는 바람에 나는 사격 훈련을 할 때마다 화학 전공생에게 안경을 빌려야 했다. 그의 안경은 오른쪽 렌즈는 나와 도수가 비슷하지만 왼쪽은 훨씬 높아서, 나는 어지럼증을 피하고자 왼쪽 눈 위로 손수건을 감은 채로 사격장에 갔다. 해적 같아. 친구와 함께 웃곤 했다.

두 번째 병원에서 퇴원한 뒤에 이틀간 호스피스 서비스에서 자원봉사 수련을 받았다. 죽어가는 사람들 곁을 지켰는데, 자원봉사자들에게 법적으로 허가된 일은 그것뿐이었기 때문이다. 그곳에 많은 연사들이 찾아왔다. 의사, 간호사, 사회복지사, 회사 간부, 영적 치유자, 병원 원목, 퇴역 군인 봉사자, 친족. 내가 가장 좋아한 연사는 전직 발레리노였다. 그는 에밀리 디킨슨의 시로 가사를 지은 노래로 이야기를 시작했다. 그가 노래를 마쳤을 때는 분홍색 셔츠가 땀에 흠뻑 젖어 있었고, 좌중은 눈물바다였다. 가장 마뜩잖았던 사람은 자원봉사 프로그램을 운영하던 여자였다. 새 신부였던 그는 수련을 시작하기 전에, 그리고 휴식 시간마다 자기 결혼식과 신혼여행 사진을 프로젝트 슬라이드로 보여주었다. 우리 남편 참 잘생겼죠? 그는 굳이 사람들에게 대답을 받아내려 물었다. 또한 그는 신랑의 어린 시절 친구가 결혼식이 끝나기도 전에 술에 취해 웨딩케이크를 한 조각 훔쳤다고 말했다. 그 파렴치한에게 절대 자기 부부에게 연락하지 말라고 단단히 주의를 주었단다.

비극과 희극은 우리가 뚜렷한 감정을 느끼고 그것을 남들과 공유할 수 있게 해준다. 그렇게 함으로써 슬픔은 무뎌지고 웃음은 더욱 깊어진다. 멜로드라마는 우리의 경각심을 일깨운다. 우리는 타인의 멜로드라마는 물론 자신의 멜로드라마를 불안해하며 경계한다.

2014년 6월. 이 글을 쓰고 있는 오늘, 세상에는 이십오 년 전 톈안먼 광장 학살의 사진들과 이 사건을 둘러싼 의견들이 가득하다. 모든 말에 확신이 실려 있다. 사람들은, 특히 이 비극을 멀리서 지켜보는 사람들은 참으로 유려하게 의견을 표한다. 인간의 생명을 칩 삼아 도박하며 양쪽의 승률을 헤아린 비열한 무리들로 가득한 사건, 괴리가 심하며 심지어 촌극의 요소까지 있는 그 역사적 사건을 향한 분노, 슬픔, 찬미, 환상 등 감정을 거침없이 내뱉는 그들의 어조에 토머스 만과 유사한 거만함이 배어 있다. 이해하지 못한 채로 입을 여는 사람들은 주역이 될 기회를 놓치지 않는다.

아까 뉴스를 읽던 중에 내가 잊고 있던 기억 하나가 불쑥 떠올랐다. 그 당시에 의대생이었던 언니는 동기들과 함께 톈안먼 광장에 나가 단식 시위를 하는 학생들을 지지했다. 그러던 어느 날 언니가 광장에 나갔다가 차양 모자를 받아서 내게 주었다. 빅토리아 시대 보닛과 비슷한 스타일에 하얗고 얇은 모슬린 천으로 만들어진 그 모자는 제인 에어 모자라고 불렸는데, 내가 무척이나 가지고 싶어했던 모자였다. 학살이 일어난 뒤에 모자는 사라졌다. 광장이 피바다가 된 다음 날에 시신을 세러 병원에 다녀온 아버지가 모자를 버렸을 것이다. 시위 단체에 기부된 물건이었던지라 자칫 언니가 혐의를 받을 수 있었다.

이 기억에서 멜로드라마는 제인 에어 모자이다. 이 기억을 이해하려면 나는 수십 년의 역사를 돌이켜보고 타인들의 과거를 들추어봐야 할 터이다. 그래도 끝내 이해하지 못할지도 모른다. 이 기억의 비극과 희극은 국가의 관점이나 우리 가족의 상황이나 나 자신의 처지 등 여러 차원에서 낱낱이 분석할 수 있지만, 제인 에어 모자는 그 어디에도 포함할 수 없다. 내가 왜 그 모자를 떠올리고 울었는지 결코 설명할 수 없을 터이다.

그 연약한 물건에 실제보다 더 큰 의미를 부여해 상징이나 메타포로 사용할 수 있겠지만, 그러고 나면 오히려 전보다 더 의미가 없어진다. 멜로드라마는 그런 변화를 고집스레 거부한다.

멜로드라마를 옹호하거나 비난할 때 나는 자살을 두고 사유할 때와 마찬가지로 스스로와 논쟁한다. 나 또한 관객으로서 멜로드라마를 경계했다. 직접적으로 멜로드라마에 휩쓸리기도 했다. 그렇지만 이렇게 경험해보았기에 나는 멜로드라마를 무시하지 않는다. 멜로드라마를 이해하고자 가설을 하나 세웠다. 기억은 멜로드라마이다. 멜로드라마는 기억을 보존한다.

기억은 우리가 하나의 내러티브를 구성하기 위해 선택하고 재배열한 순간들의 모음이다. 실체적인 공간에 부착되어 있을 때 순간들은 조각상이나 그림과 비슷하다. 그러나 순간들은 선율을 이루는 각각 음과도 같아서, 영원히 멈추어 있을 수 없다. 시간의 흐름에 휩쓸릴 때, 공간의 영역에서 시간의 영역으로 넘어갈 때, 기억은 멜로드라마이다.

그런데 멜로드라마는 웬만해서는 살아남지 못한다. 그 순간에 용기를 내지 못한 우리는 음악을 듣지 못하고, 자신의 해석으로 대체할 수밖에 없다. 행여나 음악을 포착하면 후회가 밀려온다. 멜로드라마를 품고 살기는 어렵기 때문이다. 시간은 관객을 부른다. 외부의 비평가들과 비판적인 자아는 멜로드라마를 오염하거나 삭감하거나 심지어 삭제하는 일에 능하다. 기억의 천적인 시간이 때로는 동지가 되기도 한다. 다만 시간을 한편으로 삼으려면 기억은 최적의 상태로 절단되고 편집되는 일에 동의해야 한다. 편집이 끝나고 나면 음악은 더 잘게 조각 나 있고, 조금은 더 견딜 만하다. 이전과 다른 음악이다.

끝에 가서 기억은 두 형태로 남는데, 둘 다 변형된 상태이다. 멜로드라마로서의 기억과 각색된 기억이다. 멜로드라마에 휩쓸리지 않으려고, 우리는 각색된 기억에 필사적으로 매달린다. 그러나 멜로드라마를 철저히 도려낸 삶은 표면적으로만 분주한 텅 빈 껍데기 아닐까?

1940년 9월 18일에 캐나다행 영국 선박 SS 시티오브베나레스가 독일 유보트 잠수함의 공격을 받았다. 승객 중에 어린아이가 아흔 명 있었는데 일흔일곱 명이 희생되었다. 이 일을 계기로 영국 정부는 아이들을 해외로 대피시키지 않기로 했다. 그 배에 타지 않았으므로 희생되지 않은 아이 한 명이 에바 올트먼이다. 열한 살이었던 에바는 비슷한 시기에 뉴욕으로 가는 다른 배를 탔다. 에바는 로테 츠바이크의 조카였다. 당시에 츠바이크 부부는 나치를 피해 망명하여 오스트리아에서 잉글랜드로, 잉글랜드에서 뉴욕으로 갔다가 브라질의 페트로폴리스에 정착했다. 이 년 후에 자살하기 전까지 두 사람은 페트로폴리스에 살았다.

츠바이크 부부는 에바의 여행 서류를 준비하고 에바를 맡아 키워줄 후견 가족까지 구해놓았다.(우리가 신경 써서 챙길 테니 두 분은 마음 놓으세요. 에바는 잘 커서 돌아갈 거예요. 어쩌면 양키 악센트로 말할지도요. 슈테판 츠바이크가 에바의 부모에게 쓴 편지에서 말했다.) 츠바이크 부부는 에바가 무사히 도착했다는 전보를 받은 직후에 SS 시티오브베나레스의 침몰 소식을 들었다. "신문에서 그 비극적인 사건을 읽고 얼마나 놀랐는지요. 우리도 오빠랑 새언니만큼 충격을 받았어요. 오빠네가 어떤 기분인지 이해해요." 로테는 오빠와 새언니에게 말했다. "며칠이나 그 생각을 떨칠 수 없었어요. 다행히도 오빠가 보낸 전보를 그 사건 전날 밤에 받았어요. 뭐, 적어도 에바는 무사하네요…"

그 생각이 무엇인지 로테는 설명하지 않았다. 지옥으로의 추락은 굳이 끝까지 상상할 필요가 없다. 뒤이어 로테는 페트로폴리스의 이국적이고 평화로운 풍경을 묘사한다. 뭐, 적어도 에바는 무사하네요. 참으로 솔직하면서도 거북스러운 이 문장이 내 눈을 끌었다. 그때 나는 첫 번째 병원에서 퇴원하고 두 번째 병원에 입원하기 전이었고, 나를 위로하려고 노력하는 사람들의 말에서 무시당하는 느낌을 자주 받았다.

뭐, 적어도라는 표현에 담긴 감정은 전시 같은 위기 상황뿐 아니라 일상에서도 흔히 접한다. SS 시티오브베나레스의 침몰과 비슷한 시기에 상하이의 한 어머니가 디프테리아 열병에 어린

아들을 잃었다. 뭐, 적어도. 그 어머니를 위로할 시도라도 했다면 사람들은 틀림없이 이런 사실을 들먹였을 터이다. 아이가 둘이나 더 있고, 새로 또 한 명이 태어날 예정이잖아요.

우리는 타인이 겪은 불행의 깊이를 슬쩍 들여다보고 고통을 잴 수 있다는 희망에 매달린다. 더 슬픈 슬픔이 있고, 더 절망스러운 절망이 있다고. 타인의 고통을 알아보는 순간 자신의 고통을 마주할 수밖에 없고, 그것을 피하려고 고통을 잰다. 뭐, 적어도. 이 점을 강조한다. 남을 위로하는 마음의 크기는 자신을 위로하는 마음의 크기를 넘지 못한다.

츠바이크 부부는 편지를 영어로 썼다. 로테의 오빠와 새언니와 어머니는 잉글랜드에 살았기 때문에 독일어로 쓴 편지는 더 면밀히 검열받을 가능성이 컸다. 츠바이크의 편지를 원문으로 읽을 수 있다는 점이 내게는 무척 매력적이다. 그의 책은 번역으로만 읽었으니까. 로테의 글도 중요하다. 생각해보면, 로테는 상당히 어린 나이에 스스로 삶을 끝내기로 하지 않았는가.

츠바이크 부부가 브라질에서 보낸 편지들, 특히나 말년에 보낸 편지들은 우울감에 젖어 있다. 로테는 아침 열한 시부터 정오까지 집 정면 계단에 앉아 유럽과 미국에서 편지가 오기를 하염없이 기다린다고 여러 번 말했다. 대부분 헛된 기다림이었다. "그대들에게서 그 어느 때보다 더 멀어진 기분입니다." 슈테판이 적었다. 기다림은 잔인하다. 재난은 깔끔하게 한 방으로 사람을 결딴내지만 기다림은 희망의 뿌리를 갉아먹는다. "매일같이 우리는 희소식을 찾아 신문이란 신문은 모조리 읽습니다." 슈테판이 에바의 여행을 준비하던 시기에 썼다. 이듬해에 슈테판은 끝내 완성하지 못할 몽테뉴의 전기를 작업하며 말했다. "요즘 같은 시기에는 몽테뉴를 포함해 체념에 관해 현명한 가르침을 주는 사람들의 글을 읽는 것이 좋습니다."

체념을 습득하며 슈테판 츠바이크는 고통을 잴 수 있다는 믿음을 내려놓았다. 고통에는 등급이 없다. 츠바이크가 남미에서 쓴 편지들에서는 자기 사정이 썩 나쁘지 않다고 스스로 설득하려고 노력하는 모습이 엿보인다. 전쟁판을 피해 글을 쓸 수 있는 곳에 왔다는 사실 자체가 남들의 부러움을 살 만하다고. 하지만 절망을 남들과 비교할 수 있을까? 자살하기 며칠 전에 리오의 축제에 다녀와서, "세상 곳곳에서 사람들이 폭탄에 죽어나가는 와중에 즐거움이 폭발하는 현장에 있자니 마음이 복잡했다"라고 말한 슈테판의 절망과, 중국의 한 마을에서 감옥에 갇힌 듯한 자기 삶을 비관하여 제초제를 먹고 자살한 열다섯 살 여자아이의 절망을 비교할 수 있을까? 기자들은 여자아이가 죽기까지 며칠의 모습을 사진에 담았다. 들것에 실린 인간에서 비닐 자루에 싸인 시신으로 변하는 과정을.

"우리의 사적인 삶은 전혀 중요하지 않고 공적인 사건들은 충분히 보도되고 있으니 사실 별로 할 말이 없네요." 슈테판 츠바이크는 1941년 12월 31일에 썼다. 자기 고통을 자기 손으로 처리하는 일. 자기 삶이 타인의 삶과 비교되기를 거부하는 일도 하나의 저항 아닐까?

텐안먼 광장 학살 기념일 며칠 전에 라디오 프로그램에서 인터뷰를 했다. 인터뷰의 본래 취지는 책에 관한 것이었는데, 진행자는 4월의 시위가 어쩌다 6월의 피바다로 이어졌는지 꽤 오랫동안 질문했다. 그런 건 자기가 검색해서 알아볼 수 있지 않나. 나중에 친구가 한마디했다. 아니, 그 사람은 검색해서 나오는 내용을 알고 싶은 게 아니었어. 나는 대답했다. 역사적인 사건을 개인의 삶을 통해 보고 싶었던 거야. 그 뒤로 며칠 동안 나는 인터뷰 요청을 여러 개 거절했다. "제가 할 수 있는 말은 다 했습니다." 나는 마지막 이메일에 적었다. "더는 할 말이 없다는 사실을 이해해주셨으면 합니다."

사실 내가 참을 수 없던 점은, 텔레비전이나 라디오에서 말할 수 있는 내용은 항상 단순화되었거나 뒤틀렸다는 사실이다. 개인의 경험을 더 큰 맥락에 넣고자 하는 바람은 관객이나 배우나 마찬가지이고, 배우의 연기는 시대와 얼마나 깊은 연관이 있는지를 기준으로 평가된다. 배우는 둘 중 하나를 선택해야 한다. 순종적으로 극본을 따르거나 혹은 오직 자기만의 방식으로 이야기하거나.

제인 에어 모자는 어떤 인터뷰에서도 언급할 수 없다. 말로 할 수 없는 기억들은 더 있다. 학살 일주일 뒤에 우리는 학교로 복귀했는데, 톈안먼 광장 근처에 살던 친구가 온갖 이야기로 우리를 웃겼다. 그 아이 삼촌의 장난질에 관한 이야기가 그나마 가장 무해했다. 그 삼촌은 꼭 친구의 할머니나 할아버지가 딴 데 정신이 팔렸을 때 코카콜라 캔을 땄다. 코카콜라 같은 탄산음료가 흔하지 않은 시대였던지라, 캔 따는 소리에 노인들은 총소리를 들은 양 기겁했다. 이 이야기를 듣고 웃음을 터뜨린 우리는 잔인했을까? 그 친구는 여름이 지난 뒤에 독일에 있는 부모와 살러 갔고, 얼마 후에 자신의 새로운 삶에 관한 이야기를 녹음한 카세트테이프와 초콜릿을 우리에게 보냈다. 나는 친구 두 명과 함께 그 아이의 독백을 들었다. 공항에서 실수로 남자 화장실에 갇힌 일, 길거리의 수레에서 파는 사과에 눈독들이다가 개똥을 밟은 일, 독일어를 한마디도 모르는 채로 학교에 갔던 일.(친구의 부모는 베이징에서 야간 독일어 수업을 들으라고 등록해주었지만 친구는 땡땡이를 치거나 싸구려 로맨스 소설을 가져가서 읽었다.)

우리 근황을 녹음해 보낼 차례였지만, 우리는 망설였다. 베이징은 변함없었다. 11월 저녁에는 세찬 바람이 먼지를 날렸다. 고등학교도 똑같았다. 친구의 소식을 묻는 아이들도 있었고, 벌써 잊은 아이들도 있었다. 그 전해, 계엄이 선포된 그 여름에 우리 네 사람은 자전거를 타고 그 친구에게 반한 군인이 주둔하는 부대로 갔다. 그 군인이 삼십 분 동안 외출 허가를 받고 나오면, 친구는 중화인민공화국의 만행에 관해 그에게 열변을 토해냈고, 우리는 길모퉁이에서 기다리며 두 사람을 지켜보았다. 스무 살도 채 되지 않은, 불그스름한 얼굴의 그 군인은 제발 조심하라고 친구에게 당부했다. 계엄은 이듬해까지 이어졌지만 친구가 떠난 뒤로 우리는 그 부대에 발길을 끊었다. 친구를 웃게 해줄 소식을 끝내 생각해내지 못한 우리는 친구가 보낸 초콜릿만 먹고, 친구에게 보내겠다고 계획한 것들을 하나도 보내지 않았다.

어린 시절부터 내게 주입된 한 사람의 기억. 여자아이가 태어났을 때 그의 어머니는 디프테리아 열병에 아들을 잃고 이미 미쳐버린 상태였다. 아버지와 손위형제들은 집을 떠나 자기들의 삶을 일구었고, 여자아이는 열 살부터 열여덟 살까지 어머니를 돌보았다. 그 시기에 풋풋한 사랑이 꽃피웠다. 결핵에 걸려 간호학교를 그만두어야 했던 남학생이, 여자아이가 어머니를 돌보며 사는 주택의 마당 맞은편 건물에 방을 빌렸다. 여자아이는 창문 앞에서 건성으로 학교 숙제를 하며 마당 건너편의 자기 방에서 창턱에 팔을 괴고 있는 남자아이와 대화를 나누었다. 이 장면은 내게 수차례 묘사되었다. 너무도 익숙해서 츠바이크의 소설이라고 해도 믿겠다. 누구나 쉽게 공감할 수 있는 이야기다. 여자아이는 결국 어머니를 잃었다. 어머니는 정신병원에서 숨을 거두었다. 마당 건너편의 남자아이도 요절했다. 그러나 질환, 전염병, 전쟁, 자연재해 같은 외적 재난은 멜로드라마가 아니다. 멜로드라마는 본연의 순간에 절대적으로 충실하다.

어떤 비평가들은 내 소설에 정치성이 부족하다고 지적한다. 낭독 자리에서 한 젊은이는 내가 정치적 글에 무관심한 이유를 따졌다. 중국의 한 기자는 대부분 작가는 자기 시대에 역사적 책임 의식을 느낀다고 내게 말했다. 그들은 묻는다. 왜 당신은 그 기대에 부응하지 못하나요? 반드시 대답해야 한다면 나는 이렇게 말하겠다. 중국에서나 미국에서나 나는 주어진 각본에 맞추어 살지 않으려고 노력했습니다. 타인의 뜻에 내 삶을 맞추기를 거부하는 것이 나의 유일한 정치적 선언입니다.

멜로드라마는 절대 정치적이지 않다. 나는 내 인물들의 기억을 조작할 책임을 지고 있지 않다. 인물들 본인이 아니라면 그 누구도 그들의 경험을 정의하거나 그들의 기억에 의미를 부여할 수 없다. 주제넘은 짓이다. 인물들이 모종의 속셈을 품고 스스로 그럴 수는 있겠지만, 그들의 속셈은 나와 무관하다. 나는 멜로드라마로서, 또 통제된 서술로서 기억이 시간의 흐름에 따라 어떻게 변하느냐가 궁금할 따름이다. 달콤한 독약이자 쌉쌀한 해독제, 미덥지 않은 동지이자 미더운 파괴자인 시간에 자신의 기억이 영향을 받지 않았다고 과연 누가 자신할 수 있을까?

ooooo

이따금 나는 글을 쓰면서 내가 현실과 허구의 세계에서 만나는 이마다 붙잡고 설문 조사를 하는 것이라고 상상한다. 타인이 당신을 알아주었으면 하는 바람과 그것을 위한 노력에 당신의 삶을 얼마나 소비하고 있나요? 이해받으려는 노력에는? 타인을 알고 이해하려는 노력에는? 설문 조사가 으레 그렇듯이 이런 질문들은 지나치게 단순하다. 우리는 타인을 알고 이해할 수 있으리라 얼마나 믿을까. 한 인간과 다른 인간이 서로 알고 이해할 수 있다고 얼마나 믿을까.

타인을 알고 이해하는 데는 한계가 있지만, 아니, 어쩌면 한계가 있기에 우리는 자신과 사고방식이 비슷한 사람들을 찾는다. 우리는 또한 외로움을 덜고자 생각이 비슷한 사람들을 찾지만, 그러다 또 다른 외로움과 맞닥뜨리기도 한다. 우리는 사람들과의 어울림에서 이런저런 요소를 조정하려 한다. 자신이 선호하는 이미지로만 알려지기를 원한다. 타인의 시선에 맞춘 내러티브는 자신을 위해 조작한 기억과 크게 다르지 않다. 두 가지 모두 우리가 감정의 늪을 피하게 해준다. 그런데 우리가 보여주는 모습 너머를 꿰뚫어 보는 사람들이 있다. 관계가 가깝거나 직관이 강하거나 관찰력이 예리한 이들이다. 이들은 멜로드라마처럼 우리 마음에 거북한 감정을 불러일으킨다. 우리는 멜로드라마에 지쳐서 이들의 눈을 피하고 싶은 것일까? 혹은 불편할 정도로 우리의 내면 세계를 들여다보는 사람들을 피함으로써, 잠시나마 자신의 기억 또한 피할 수 있다고 느끼는 것일까?

　삶이 복잡해지는 이유는 대개 우리가 중요한 관계에서 여러 역할을 맡기 때문이다. 세상의 조롱을 받는 미친 어머니를 찾아 거리를 뛰어다니는 아이는 어머니의 보호자 역할도 한다. 그의 어머니가 죽었을 때 차라리 다행이라고 말한 그의 아버지는 동일한 이유로 한시름 놓은 아이와 부지불식간에 공모자가 되었다. 성인이 되고 나서 찾아오는 우정과 사랑은 우연일까 아니면 우리가 의지로 이룬 일일까? 이런 관계들에서 우리는 하나보다 많은 자아를 선택적으로 보여준다. 서로 다른 자아마다 각각 어울리는 기억과 어울리지 않는 기억이 있는데, 기억들이 충돌하며 멜로드라마라는 뜻밖의 요소를 관계에 첨가한다. 조작된 서술은 어김없이 허점을 드러내기 때문이다. 그래서 우리는 타인과 공유한 기억을 피한다. 대개 바로 그런 기억들이 관계를 돈독히 해주지만.

　철저히 피상적이거나 계약에 기초한 관계에서만 우리는 지정된 역할 하나만을 맡을 수 있고, 이런 관계에서는 기억을 계속해서 새롭게 쓸 수 있다. 우리가 책과 맺는 관계 또한 인간관계만큼 복잡하지 않다. 책은 한결같으므로 우리는 시간의 흐름에 따라 달라지는 자신의 변화만 고려하면 된다.

　사람은 하나가 아닌 여러 자아로 살아가고, 필연적으로 그 결과에 책임진다. 이것과 반대로 아예 자아가 없이 사는 과오를 범

할 수도 있는데, 한때 나는 그것이 가장 합리적인 삶의 방식이라고 믿었다. 무가치한 존재는 세상의 눈에 띄지 않으며 쉽게 대체될 수 있다. 남들에게 무의미한 존재는 자기 자신에게 계속해서 완벽히 충실할 수 있다. 이렇듯 아무것도 아닌 존재로 살아감으로써 자가면역질환에 걸린 듯이 스스로를 공격하는 정신에 맞설 수 있는데, 바로 이 삶의 방식이 내 친구의 침묵에 가장 가깝다. 그러나 침묵은 멜로드라마가 아니다. 적어도 멜로드라마로 자신을 드러내지는 않는다.

슈테판 츠바이크는 최근에 미국에서 재조명되고 있는데, 청소년기에 그의 작품을 열독한 나는 그를 1980년대와 엮어서 생각한다. 내가 무척 좋아하는 중편소설인 『낯선 여인의 편지』에서 편지의 수신인은 여성 편력을 지닌 유명 작가이고, 평생 그를 사랑했다고 편지를 보내온 여자를 기억하지 못한다. 여자는 소녀 시절에 그의 이웃집에 살며 그가 많은 여성들을 만나는 모습을 보았다. 나중에 그는 여자를 매춘부로 착각한다. 여자는 그의 아이를 낳았는데, 아이는 1918년 스페인 독감에 걸려 죽는다. 자기도 죽음이 임박한 여자는 평생 사랑한 남자에게 편지를 보내 사연을 털어놓는다.

이 소설은 멜로드라마의 통상적인 정의에 들어맞는다. 여러 나라에서 영화로 만든 것도 무리가 아니다. 그러나 츠바이크는 이 여자에게 웬만한 사람은 엄두도 내지 못할 운명을 주었고, 덕분에 여자는 진부한 인물로 남지 않았다. 여자는 자신의 절망에 자기기만적인 긍지를 덧칠하지 않는다. "쓸데없이 마음고생만 했지." 여자는 자기 삶을 이렇게 표현한다. 씁쓸한 후회 없이.

열네 살에 이 소설을 처음 읽었을 때 나는 끝까지 남자를 사랑하는 여자의 모습에 감동했다. 인제야 그때 내가 무엇을 놓쳤는지 알겠다. 이 소설의 주제는 짝사랑이 아니라 멜로드라마의 일탈이다. 여자는 남자가 자신을 잊어버린 사실을 "거의 비인간적"이라고 비난하지만 자기 필요에 따라 기억을 지우는 일은 지극히 인간적이다. 그 사실을 받아들이기를 거부하는 여자야말로 비인간적이다. 여자는 자신의 멜로드라마를 온전히 지켰다는 점에서 용감하지만, 그 멜로드라마에 타인을 가두었다는 점에서 가혹하기도 하다. 이것이 멜로드라마의 잔인함이다. 자살과 마찬가지로 멜로드라마는 자신이 존재할 권리를 의심하거나 정당화하지 않는다.

정치적인 사건이나 어지러운 역사보다 한 개인의 기억에 휩쓸리는 일이 우리를 더 심하게 망가뜨릴 수 있다. 소설 끝에서 남자는 치를 떤다. 그렇다면 누가 더 큰 슬픔을 떠안았는가? 자신의 모든 기억을 멜로드라마로 바꾼 여자인가, 아니면 타인의 기억에 줄곧 갇혀 있었으며 계속해서 그렇게 살아갈 남자인가?

나는 지나치다 싶을 정도로 이 여자를 비판한다. 열여섯 살 때와 다르게 지금의 나는 사람의 기억이 얼마나 해로울 수 있는지 잘 알기 때문이다. 네 아빠는 내가 죽자마자 재혼할 거다. 어린 시절에 나의 어머니가 속삭이던 말. 네가 새엄마 밑에서 자랄까 봐 내가 죽지도 못하겠다. 이따금 어머니는 이해할 수 없는 이유로 화가 잔뜩 나서 말했다. 자기는 세상에서 유일하게 나만 사랑하는데 나는 그 사랑을 되갚지 않으므로 나처럼 배은망덕한 아이는 가장 고통스러운 죽음을 당해도 싸다고. 어머니, 왜 그렇게 나를 저주했나요? 아버지, 왜 그런 어머니를 말리지 못했나요? 그러나 솔직히 말하면 나는 이유를 알고 싶지 않다. 궁금해하기도 싫다. 타인의 행동이나 외부적인 사건들은 내가 나 자신에게 한 일만큼 나를 정의해서는 안 된다.

오직 나이가 어리거나 경험이 부족한 이들만이 삶을 있는 그대로 받아들이기를 거부한다. 회고록 『탈출 방법』에서 그레이엄 그린은 여섯 살에 처음 본 영화를 추억한다. 부엌 하녀가 여왕으로 변신하는 내용이 담긴 무성 영화이고, 배경 음악이 깔려 있다. "하녀의 걸음에 맞추어 늙은 여자가 연주하는 피아노 소리가 울리는데, 다른 음악은 다 잊혀도 조율되지 않은 피아노의 따, 따, 따 소리는 기억에 새겨졌다… 평생 나는 그런 책을 쓰고 싶었다. 허상이라고 밝혀질 희망으로 어린 시절의 우리를 매혹하는, 그리하여 우리가 나이가 든 뒤에도 슬픈 현실을 벗어나고 싶을 때마다 되돌아가게 되는 지극히 로맨틱한 이야기를 쓰고 싶었다."

내가 아는 작가들 가운데 자신이 멜로드라마를 좋아하며 멜로드라마를 쓰고 싶다고 밝힌 사람은 그레이엄 그린뿐이다. 나도! 나는 여백에 적었다. 고백한 상대가 죽은 사람이긴 했지만 내가 유일하게 나의 야심을 밝힌 순간이다. 내가 과연 잘 해내느냐는 크게 중요하지 않다. 작가는 개인의 삶이나 역사적인 순간을 포착하고자 글을 쓸 수도 있다. 그러나 멜로드라마를 직면하는 일, 허상이 어떻게 허상을 낳고, 기억이 어떻게 기억을 미화하는지 이해하는 일이 글을 쓰는 이유로서 더 중요하다.

『낯선 여인의 편지』를 이번에 다시 읽었을 때 나는 이 소설이 첫 만남에서 내게 들려준 음악을 기억하지 못했다. 기억하기를 거부했는지도 모른다. 자기 기억을 절대적으로 신뢰하는 여자를 나는 존중한다. 그럴 수 있는 사람이 과연 몇이나 될까? 때로 우리는 누군가를 자신의 기억에 초대하고 싶어하고, 때로는 누군가의 기억에 초대받고 싶어한다. 누군가와는 미래에 함께 돌이켜보며 추억할 기억을 열심히 만든다. 그러나 끝에 가서 그 음악은 왠지 견딜 수 없다. 홀로 있을 때 간혹 한두 소절을 떠올릴지도 모른다. 책장을 넘기거나 한담을 나누다가 그 음악의 메아리를 감지하고 잠시 귀기울일지도 모른다. 그러나 지혜와 용기 없이는 그 멜로드라마를 남들과 공유하기는커녕 자신에게도 완전히 인정할 수 없다.

ooooo

브리스 디제이 팬케이크가 자살한 뒤에 그의 어머니는 출간 예정인 팬케이크의 단편집에 소개글을 써달라고 제임스 앨런 맥피어슨에게 부탁했다. 팬케이크와 맥피어슨은 1970년대에 버지니아 주립대에서 함께 공부하며 친구가 되었다. 맥피어슨은 아이오와대학 작가 워크숍에서 나의 담당 멘토였다.

생전에 팬케이크는 사람들에게 선물을 많이 주었다고 한다. "그는 주기만 좋아하고 받는 법은 끝내 배우지 못했어요. 자기는 선물을 받을 자격이 없다고 생각했지요." 팬케이크의 어머니가 맥피어슨에게 보낸 편지에서 말했다. 맥피어슨 역시 선물을 주는 데 관대했다. 어느 여름 학기에 맥피어슨은 노래하고 쿵후를 하는 장난감 쥐를 모든 학생에게 선물했고, 또 다른 여름 학기에는 책을 선물했다.(톨스토이의 『주인과 하인』이었다.) 내 첫아들이 태어나기도 전에 맥피어슨은 아이를 위해 선물을 주었다. 그가 어설프게 직접 싼 포장지 속에는 여러 형상이 아로새겨진, 손바닥만 한 크기의 정교한 시계가 들어 있었다. 그와 동명인 나의 둘째 아들에게는 『잘 자요, 달님』 선물 세트를 주었다. 우리 가족에게 비싼 초콜릿과 아름답게 조각이 된 접시들을 선물한 적도 있는데, 치렁치렁한 드레스 차림의 피아니스트가 썰렁한 상점에서 쇼팽의 곡을 연주하는 아이오와시티의 본마우어 백화점에서 구매한 것이었다. 맥피어슨의 환갑 생일에 나와 친구는 꽃을 재배하는 이전 동료의 남편을 주차장에서 만나 꽃을 예순 송이 샀다. 늦가을이었고, 그는 시기가 안 좋다고 투덜거렸다. 지난주에 알려주셨다면 더 좋은 꽃을 드릴 수 있었는데요. 맥피어슨은 선물을 줄 때와 마찬가지로 품위 있게 선물을 받았다.

"나는 그의 선물이 사람들에게서 거리를 두려는 일종의 방어책이라고 늘 생각했다… 자신의 최고 장점을 이루는 천연의 재료로 빚은 일종의 페르소나 뒤에 숨는 것이라고." 맥피어슨이 팬케이크를 추억하며 적었다. 이 문장은 힘든 감정을 불러일으킨다. 사람들에게 퍼주는 팬케이크의 마음은 내게도 익숙하지만, 나는 선물할 때마다 내 동기를 분석하지 않을 수 없다. 우리는 관대한 마음으로 선물할까, 아니면 자기가 느끼는 이기적인 위안 때문에 선물할까? 사실은 남에게 줄 것이 별로 없다는, 아니, 하나도 없다는 진실을 숨기는 자기기만일까? 밑도 끝도 없이 주면 언젠가는 사랑받을 자격이 생길까?

츠바이크의 소설 속 여자와는 달리 팬케이크는 자신의 멜로드라마로 타인을 침범하지 않았다. 팬케이크는 자신이 가진 것 이상으로, 필요 이상으로 남들에게 주었지만, 그는 아무도 속박하지 않았다. 자살 충동을 경험해보지 못한 사람들은 요점을 놓친다. 삶을 끝내고 싶어서 자살하는 것이 아니다. 고통을 끝내는 유일한 방법은, 자신의 멜로드라마가 일탈하지 않게 억누르는 그 끝없는 몸부림을 멈추는 유일한 방법은, 육신을 파괴하는 것뿐이기 때문이다. 토머스 만이건 누구이건, 나는 자살을 재단하는 사람들을 불신한다. 그들은 결국, 감정을 재단하는 것이니까.

내가 입원했던 병원에 대학생 환자가 있었다. 그 여자아이는 기이한 테크놀로지의 습격을 경고하며 복도를 배회했다. 그는 무척 영민하고 박학다식했다. 말에는 깊은 통찰력과 유머 감각이 담겨 있고 음색과 어조는 그리스 희극 코러스의 후렴만큼이나 음악적이었던지라 나는 종종 감탄하며 그를 지켜보았다. 그의 어머니는 하루도 빠짐없이 꼬박꼬박 면회를 왔다. 한번은 그의 어린 시절 친구를 데려왔는데, 여자아이와 어머니가 나란히 복도를 오락가락하는 동안 친구는 한 발짝 뒤에서 눈물을 닦지도 않고 줄줄 흘리며 걸었다.

소개글에서 맥피어슨은 팬케이크의 말년에 자신이 팬케이크와 거리를 두었다고 인정한다. 팬케이크가 보낸 소포를 몇 달이나 열어보지 않다가 그의 부고를 듣고서야 열었다고 했다. 예상대로 선물이었다. 편지도 한 장 들어 있었다. 팬케이크는 답장을 기다리지 않겠다고 썼지만, 물론 그런 말은 늘 반대의 의미를 담고 있다. 팬케이크와 맥피어슨의 우정은 서로 이해하는 두 사람이 서로를 이해하기 때문에 결별하는 양상을 띠고, 이것이 나의 마음을 몹시 어지럽힌다. 한 사람의 멜로드라마가 다른 사람의 멜로드라마를 피했다. 이런 침묵은 끝에 가서 승리하지 못한다.

글을 쓰면 내 감정을 들킬까봐 두렵지 않느냐는 질문을 들었다. 딱 내가 걱정할 만한 일인데 그런 생각은 뇌리에 스친 적도 없다. 들킨다는 말은, 누군가 내 글을 읽고 내가 숨기려는 무언가를 알아차렸다는 뜻이다. 가능한 일이다. 그 사람은 자신이 알아낸 사항으로 어떤 결론을 내릴 텐데, 옳건 그르건 그의 결론은 나를 밖에서 보는 관점에 지나지 않는다.

밖에서 보아서는 온전히 이해하거나 느낄 수 없다. 나는 내가 창조한 인물들을 이해한다고 말할 수 없다. 그들의 감정을 완벽히 느낀다고 말할 수도 없다. 그렇지만 비록 조금이나마 그들을 알고 나면 그들에 관해 더 알고 싶다. 끝내 나를 보지 못하며 알지도 못할 사람들과 함께하는 분투보다 더 비밀스러운 분투가 있을까? 나의 멜로드라마는 내 인물들의 삶에 침범하거나 해를 끼치지 않는다. 나의 실제 삶에서는 이렇게 말할 자신이 없다.

궁금하다. 앎에는 끝이 있을까. 전부 다 안다는 뜻이 아니라 충분히 알 수 있느냐는 말이다. 충분히 알려는 끝없는 노력. 이런 모습을 나는 세상의 입을 빌려 자기 자신과 논쟁하는 친구에게서 보았다. 이런 노력은 우리가 멜로드라마에 휩쓸리지 않게 보호해준다. 이해하거나 느껴서는 통제할 수 없는 그 멜로드라마에서.

에바 올트먼은 미국에서 쭉 살다가 1943년에 잉글랜드로 돌아가 부모와 재회했고 나중에 의사가 되었다. 대서양을 건너다 죽었다면 에바는 츠바이크 부부의 사적인 역사와 제2차

세계 대전 당시 잉글랜드의 국가적 역사에 각주로 남았을 터이다. Affiliation(소속)은 filial(자식의)과 어원이 같다. 아이들은 단순히 자기 부모나 혈통이나 기억이나 역사와의 관계로 정의됨으로써 독립적인 미래를 부정당하기도 하는데, 그런 운명을 피한 아이는 운이 좋다고 할 수 있다.

에바는 츠바이크 부부의 말년에 작은 자리를 차지할 뿐이지만 그들의 편지를 읽으며 나는 공연한 궁금증을 참을 수 없었다. 에바가 그들과 살았으면 어땠을까? 츠바이크 부부는 에바가 브라질로 와서 자신들과 지내면 어떨지 편지에서 자주 이야기했으나, 어린 소녀에게는 뉴욕이 더 적당하다고 스스로를 타이르고 에바의 부모를 설득했다. 츠바이크 부부는 자살하기 바로 전날에 에바의 부모에게 마지막 편지를 보냈다.(그들이 부치고 사흘 뒤에야 소인이 찍힌 편지는 츠바이크의 소설에서처럼 발신인이 죽은 뒤에 배달된다.) 슈테판은 이렇게 적었다. "로테가 건강하고, 에바가 여기에 있었다면 우리가 어떻게 해서든 살아가야 했겠지만…" 어린아이가 함께 살았다면 부부에게 버팀목이 되어주었을까? 자살하기 석 달 전에, 극심한 고립감에 시달리던 츠바이크 부부는 강아지를 입양할 생각을 했다. "정이 들고 나서 우리가 또 떠나거나 이주해야 할까봐 걱정입니다."

작가는 편지와 일기를 통해 시간의 부식을 이겨낸다. 그 승리가 비록 허상일지라도 말이다. 독자는 작가의 편지와 일기를 읽으며 마치 작가와 친밀한 사이라도 된 듯한 유대감을 느낄 수 있다. 캐서린 맨스필드는 체호프를 너무도 선망한 나머지 러시아인 아기를 입양하여 안톤이라고 부르고 싶다고 일기에 적었는데, 그토록 적나라하게 감정을 드러낸 문장을 읽고 나는 낯이 뜨거워졌다. 웃고 싶었다. 맨스필드에게서 내 모습을 아주 조금이라도 볼까봐 끔찍이도 두려웠기 때문이었다. 한참 후에야 나는 그쯤에 맨스필드가 결핵으로 죽어가고 있었다는 사실을 기억했다. 젊은 체호프의 목숨을 앗아간 바로 그 질병. 타인을 향한 호감과 비호감은 우리가 자신의 어떤 점을 좋아하고 싫어하는지 드러낸다.

  타인의 삶을 알고자 하는 바람에서 우리는 무엇을 얻을까? 누군가의 사적인 기록을 읽을 때, 누군가의 가장 연약한 순간을 함께 경험할 때, 누군가의 글이 나의 감정을 나보다 잘 포착할 때, 그를 낯설다고 할 수 있을까? 작가들의 편지와 일기를 읽으면서 그들과 대화하는 것이라고 나는 스스로에게 일렀는데, 이 말은 교향악단의 악보를 자세히 뜯어보면 음악이 들린다는 말만큼이나 그럴싸한 거짓말이다. 종이 여백에 생각을 끼적이는 정도의 노력으로는 대화가 성립될 수 없다.

  나와 대화를 나눌 수 없는 이들에게 끌리는 이유는, 그들이 내게 이 세상을 살아가는 법을 가르쳐주리라는 유치한 소망을 졸업하지 못해서일까. 조금 더 복잡한 심리는, 그들이 내게 죽는 법을 가르쳐주기를 바라는지도. 그러나 그들의 죽음은 편집된 상태로밖에 읽을 수 없다. 편지와 일기는 끝이 났고, 편집자의 손에서 기술적으로, 인위적으로 짜깁기를 당한다. 헤밍웨이의 서간집은 헤밍웨이가 아홉 살 소년에게 보낸 편지로 끝나는데, 헤밍웨이가 자살하기 삼 주 전에 쓴 편지다. 그 소년도 그 후로 칠 년밖에 살지 못했다. 임종 자리에서 투르게네프는 오래전에 절교한 친구 톨스토이에게 편지를 썼다. "그대와 동시대인으로 살아서 얼마나 기쁜지 모른다고 말하고 싶어 이 편지를 쓰네. 또한 내가 마지막으로 온 마음을 다해 부탁하네. 친구여, 문학으로 돌아가게!" 맨스필드의 마지막 기록은 미완인 단편에 포함되었는데, 오직 죽음을 앞둔 맨스필드만이 할 수 있는 관찰로 끝난다. "찬란한 날이었다. 너무도 청명하고 너무도 잔잔하고 너무도 고요해서, 지구가 자신의 아름다움에 깜짝 놀라 잠시 멈춘 듯한 그런 날이었다."

사람들은 삶에서 거짓말하는 만큼 글에서도 거짓말한다. 나는 비현실적인 믿음을 당최 버리지 못하는 나 자신이 참으로 답답하다. 각각의 사람은 마음속에 반박할 수 없는 진실을 품고 있고 그 진실이 뒤틀림이나 숨김이 없이 온전하게 일기나 편지에 담겨 있으리라는 믿음. 또한 내게는 그 진실을 찾을 의무가 있고, 그 진실을 찾으면 내가 지니지 못한 확신을 얻어서 그 확신을 토대로 견고한 자아를 빚을 수 있으리라는 믿음. 소설을 읽거나 소설을 쓸 때는 이런 강박에 시달리지 않는다.

츠바이크 부부가 어쩌다 그토록 지독한 우울 속으로 침잠했는지 알고 싶어서 그들이 남미에서 보낸 편지들을 읽었다. 그런데 에바가 등장하는 플롯이, 그것을 플롯이라고 부를 수 있다면, 우울 속으로의 침잠과 대비를 이룬다. 에바가 등장하는 플롯에는 웃음과 평범한 일상과 심지어 쩨쩨한 모습도 담겨 있다. 츠바이크 부부는 때때로 가시 돋친 말투로 에바의 후견 가족을 비판한다. 그들은 유럽인 특유의 미심쩍은 시선으로 뉴욕주 북부의 기숙사를 평가한다. 에바가 답신을 제때 보내지 않으면 미국이 애를 망쳐놓는다고 탓한다. 후견 가족이 훗날에 에바를 놓아주지 않을까봐 걱정하기도 한다. 에바를 브라질로 부를까 거듭 고민한다. 부부의 편지가 우울로 치닫는 와중에도, 특히나 슈테판이 인류에게나 자신들에게나 희망은 씨가 말랐다고 좌절하는 와중에도, 절망적인 내용에 에바는 단 한 번도 포함되지 않는다. 에바만큼은 절망에서 제외하려는 마음은, 자식들은 자기와 다른 삶을 살기를 바라는 부모의 희망과 결이 같다. 그런 희망마저 없었다면, 자식을 낳는 일은 그저 자기 기억의 멜로드라마가 다음 세대의 운명까지 휘두르게 하는 일 아닐까?

이따금 나는 스치듯이 만난 사람에게서 이메일을 받는다. "저를 기억하지 못하시겠지만." 그들은 종종 이런 말로 운을 떼우며 자신을 기억해주기를 바라는 마음을 자신이 이미 잊혔으리라는 가정으로 드러낸다.

이따금 나는 순전히 장난스러운 기분에 떠밀려 우리의 만남을 세세히 묘사한다. 사람들은 자신이 기억되었다는 사실에 기뻐하며 놀라움을 표하는데, 나는 그들에게 솔직하지 않았다. 타인에게 기억되는 것과 타인의 정신 속 그물망에 걸리는 것은 서로 다른 일이다.

수십 년 전에 중국 남부의 농부 집안 젊은이가 대학에서 이론 물리학을 공부하러 고향을 떠났다. 고향 마을에서 고등학교를 졸업한 이는 그 젊은이뿐이었다. 그의 어머니는 양말 한 켤레를 사줄 여력밖에 없었던지라 마을 사람들이 어렵게 푼돈을 모아 여행 가방을 선물했다. 젊은이는 달랑 양말 한 켤레가 담긴 여행 가방을 들고 북쪽으로 떠났다. 젊은이가 도착하자 대학에서 옷과 잠자리를 제공했고, 곧바로 그는 무술 클럽에 가입했다. 운동을 잘하지는 못했지만, 배를 주리지 않으려고 그는 향후 사 년간 시합에 출전했다.

나중에 젊은이는 어머니를 돌보며 살던 마당의 여자아이를 만나 결혼했다. 젊은이는 집착하듯 물건을 수집했고 여자아이는 기억을 수집했다. 뭐, 적어도. 이렇게 말할 수 있을 터이다. 그 부부는 무엇을 낭비하거나 잊어버리지는 않겠네. 과연 그들은 아무것도 낭비하거나 잊지 않았다. 어렸을 때부터 나는 먼지가 뽀

얇게 쌓인 오래된 신문 더미와 한 번 읽고 다시 넣은 성냥으로 채워진 성냥갑을 몸서리치게 질색했다. 그러나 더 끔찍한 것은, 유일하게 중요한 기억이라고 귀에 못 박히게 듣고 머릿속에 새겨진, 내 것이 아닌 기억들.

물건과 기억을 버리지 못하는 부모 밑에서 자란 사람은 어떻게 될까? 물건에도 기억이 새겨져 있다. 낡은 잡동사니를 버리지 못하는 아버지의 집착에도 어머니의 무절제한 감정과 잔인함에 깃든 것과 비슷한 멜로드라마가 스며 있을까? 무소유. 그 무엇에도 집착하지 않고 그 무엇도 붙들지 않는 마음이 멜로드라마에서 나를 지켜주었다. 그 방식의 효력이 다하기 전까지는.

북토크 일정으로 아이오와시티에 갔을 때 맥피어슨에게서 저녁 식사 초대를 받았다. 맥피어슨은 접시와 수저와 새로 산 냅킨과 잔과 포도주를 커피 테이블에 차려놓고, 친구에게 부탁해 식당에서 음식을 가져왔다. 저녁을 먹으면서 맥피어슨은 자기 삶에 관해 많은 이야기를 해주었는데, 내가 이미 알고 있는 내용도 있었고 그의 지인들에게서 들은 내용도 있었다. 이야기가 끝나지 않을 듯이 이어졌다. 나는 거푸 시간을 확인해야 했다. 내가 떠나기 전에 그는 이튿날에 또 올 수 있느냐고 물었다. 나는 이른 아침에 시카고행 비행기를 타야 해서 올 수 없다고 했다.

그때 처음으로 나는 그의 눈물을 보았다. 나와 만났을 때 맥피어슨은 팬케이크와 친분을 쌓던 시기와는 다른 삶의 단계에 있었고, 나는 내가 아는 맥피어슨을 전성기의 작가와 연관 지어 생각해보지 않았다. 한번은 그에게서 빌린 책의 뒤쪽 빈 종이에 그가 랠프 엘리슨과 나눈 대화가 기록되어 있었다. 나는 그 대화의 무엇을 기억하고자 적어놓았는지 묻지 않았다. 수년간 나는 맥피어슨에게 건강을 챙기라고 잔소리했고, 그는 기분이 좋을 때면 야단 맞고도 말을 듣지 않는 아이처럼 행동했다. 그렇게 친했는데도 우리 사이에는 늘 거리감이 느껴졌다. 나는 내가 수줍음을 많이 타고 맥피어슨은 남부 출신 특유의 깍듯한 예의를 지키기 때문이라고 생각했었다. 맥피어슨은 끝까지 나를 미스 리라고 불렀다. 그러나 지금에 와서 돌이켜보니, 팬케이크의 소포를 열어보지 않은 맥피어슨과 같은 마음으로 내가 거리감을 지어냈을지도 모른다는 의심이 든다. 그의 작품을 통해 그를 충분히 안다고 생각하고 싶었다. 다른 사람을 이해하는 순간, 그 사람에 관해 무엇을 아느냐는 더는 중요하지 않을지도 모른다. 혹은 견딜 수 없을 정도로 중요해지거나.

그날 저녁 식사를 하는 중에 일순 나는 앞날을 내다본 듯한 기분이 들었다. 맥피어슨의 미래를 본 듯했다. 하루가 다르게 쇠약해지는 건강, 외로움, 점점 길어지는 침묵, 그리고 나의 미래도. 맥피어슨이 작가로서 널리 알려지지 않았으며 거의 잊혔다는 사실은 놀랍지 않다. 평생 맥피어슨은 세상이 그를 가두어두려는 틀에, 순종적인 농노 혹은 정치적 투쟁가라는 정체성에 저항했다. 그러한 저항은 어느 시대에서나 어느 나라에서나 실패할 수밖에 없었을 터이다.

미래가 실제로 닥치기도 전에 기억이 돼버리면 정신은 균형을 잃는다. 그날 나는 당황한 심정을 들키지 않으려고 도망쳤다. 다음 날에 나는 친구에게 전화해 맥피어슨이 어떻게 자살하지 않고 살고 있느냐고 물었다. 끔찍한 질문이지만 그때 내가 표현하지 못한 말뜻은 이것이다. 죽음의 평온에서 위안을 찾고 싶은 마음을 어떻게 억누르지? 맥피어슨과 저녁을 먹을 때 자꾸만 그 생각이 엄습했는데, 나는 아버지가 그런 평온을 찾기를 수차례 바랐다. 무엇이 옹호하기가 더 힘들까. 자신의 삶을 포기하는 일, 혹은 사랑하는 사람의 삶에 대한 희망을 포기하는 일?

가까운 사람의 고통을 지켜보는 일은 누구에게나 힘들다. 그 고통을 이해하지 못해서 슬프고, 고통이 설령 끝나더라도 기억으로 남으리라는 사실을 알아서 또 슬프다. 자식은 부모의 기억을 이해하지 못하고 이해해서도 안 되지만, 이해하지 못한다고 고통을 피하지는 못한다. 사람은 누구나 내면에 아이를 품고 있는데, 이 아이는 기억의 멜로드라마라는 짐을 지고 있다. 자기 기억뿐만 아니라 전세대의 기억도 함께 짊어지고 있다.

"세상이 이럴 수는 없는 거잖아." 자기 시대에 상처를 받은 랠프 엘리슨이 맥피어슨에게 한 말. 맥피어슨 역시 그렇게 혼잣말 했겠지. 이런 실망감은 이해받고자 하는 희망의 산물임이 틀림

없다. 나는 그런 희망에서 달아나, 아무것도 없이, 운명에 전부 맡기는 마음으로, 세상에 무관한 존재로 살려고 애썼다. 그렇지만 나는 츠바이크나 맨스필드나 다른 작가들의 글로 주저 없이 뛰어든다. 그들의 기억은 결코 내게 속하지 않을 테니까 나는 안전하다.

타인과의 교감은 늘 어딘가 부족하듯이 글을 쓰는 일도 우리를 오롯이 채워주지 못한다. 이야기는 자신의 멜로드라마를 독자에게 반드시 전달해야 하지만, 멜로드라마는 독자와의 만남을 꺼린다.

"필 옥스는 목을 매달았고 브리스 팬케이크는 총으로 자살했다. 그처럼 극단적인 저항을 상상할 능력이 다행히도 없는 우리 나머지 사람들은 어찌어찌 견딘다." 맥피어슨이 소개글 끝에서 말했다. 이런 친절함은 가슴에 와닿을 수밖에 없다. 토머스 만의 냉정한 재단과 상극을 이룬다. 나는 맥피어슨에게 자살을 생각한 적이 있느냐고 묻지 않았다. 어떻게 견디는지도 묻지 않았다. 그러나 그것은 중요하지 않다. 나는 나의 경고성 이야기 속에서 살아야 한다. 어떤 사람들은 자신의 경고성 이야기에서 승리를 찾고, 어떤 사람들은 탈출구를 찾고, 또 어떤 사람들은 위로를 구한다. 나는 내 이야기에서 무엇을 찾아야 하는지 여전히 모르지만, 알지 못한다는 사실을 받아들이는 일이 모든 것을 거부하는 일보다는 낫기를, 지금으로서는 그것만을 바랄 뿐이다.

두 가지 삶

 너무 어려서 읽어 그때부터 머릿속에 맴돌며 나를 놓아주지 않는 책이 있느냐고 인터뷰 진행자가 묻기 전까지는, haunt라는 단어를 내가 절대 쓰지 않는다는 사실을 인지하지 못했다. 진정성이 없고 갑갑하게 느껴지는 단어다. 그 단어가 집과 관련이 있다는 사실도 몰랐다. 어원을 살펴보면 haunt는 중세 영어 hauten(살다, 사용하다, 거주하다, 고용하다)과 고대 프랑스어 hanter(거주하다, 자주 왕래하다, 의지하다)와 고대 노르웨이어 heimta(집으로 가져오다, 데려오다)에서 유래한다. 좀체 떠나지 않고 뇌리에 맴도는 그것은 옛집의 부름인지도 모른다. 그러나 더 언짢은 가능성은, 집을 잃고 떠도는 과거에 우리가 현재의 한구석을 내주고 있을지도 모른다는 것.

 나는 너무 어려서 읽은 책은 있지만 그 책이 나를 놓아주지 않는다고 말하기는 어렵다고 대답했다.

 너무 어린 나이에 읽은 책. 이 질문에 답하려면 기억을 들추어야 하는데, 그럴 때마다 내 기억이 정확하지 않을까봐 불안하다. 내가 중학교에 입학했을 무렵에 아버지가 이른 아침에 조깅을 하기 시작했다. 아버지는 내가 버스 정류장으로 출발하기 직전에 집을 나서 나보다 고작 몇 걸음 앞서 갔다. 삼십 년이나 잊고 살았는데, 이제야 나는 조깅이 아버지의 은근한 배려였다는 사실을 깨달았다. 아침 여섯 시 반에 우리 아파트에서 버스 정류장으로 가는 길은 어린이에게 안전하지 않았다. 아버지는 한 번도 내 근처에서 서성거리지 않았지만, 가끔 버스가 일찍 온 날이면 아버지는 정류장에서 버스가 나를 두고 떠나지 않게 문을 잡고 기다리고 있었다.

나는 그 버스를 이십 분 정도 탄 다음에 다른 버스로 갈아탔다. 두 번째 버스 정류장에서는 우리 학교 학생 몇 명이 같이 기다렸다. 두 번째 버스는 도시 외곽으로 나가 당시에는 야생으로 뒤덮인 폐허였던 원명원의 성터에 자리한 우리 학교까지 갔고, 첫 버스보다 더 오래 타야 했다. 학기가 시작한 첫 주에 한 여자아이와 그 애 아버지가 막 정류장에 도착한 버스를 보고 달려왔다. 그 아버지는 버스 문을 잡고서는 딸아이를 재촉하여 버스에 태웠다. 정류장에서 나와 다른 아이들 모두 그 광경을 지켜보았다. 나중에 그 아버지가 물었다. 왜 너희는 버스에 안 타니? 우리는 꼼짝도 하지 않았다. 서로 눈치를 보다 결국 한 아이가 말했다. 저 버스 아니에요. 버스의 번호는 같았지만 그 버스는 지방 버스라서 우리 학교로 가지 않았다.

아버지의 조깅과 마찬가지로 이 사건 역시 인터뷰 진행자의 질문을 듣고 갑자기 기억났다. 지금의 나는 그 아버지가 얼마나 딸에게 미안해하며 속을 태웠을지, 아이를 잘못된 버스에 태우는 광경을 뻔히 보면서도 잠자코 있던 우리를 얼마나 원망했을지 짐작할 수 있다. 우리가 왜 침묵했는지도 유추할 수 있다. 악의나 무관심이 아니었다. 다들 그저 필요 이상으로 자신에게 주의를 끌기가 두려웠던 것이다. 우리는 아동기에서 청소년기로 넘어가고 있었다. 대체로 어른들에게 속하는 이 세상은 마음 놓고 신뢰할 수 없는 곳이었다. 어떻게 행동해야 할지 몰라 당황한 심정은 남들 눈에 띌 때 더 괴롭다. 그러나 자기 자신을 차별화해야 하는 순간은 오고야 만다.

나의 순간은 학기가 시작하고 한 달쯤 지나서 사서의 보조로 뽑혔을 때 찾아왔다. 도서관 사서의 보조로 뽑힌 나와 다른 학생은 수업이 끝난 뒤에 다섯 시 반까지 남아서, 창구 앞에 웅성웅성 모여 자기 DDC 번호를 먼저 주려고 밀치락달치락하는 아이들의 손에 책을 건네주었다.(각 학생은 한 번에 DDC 번호를 다섯 개까지 적어 제출하고 그중 한 권을 빌릴 수 있었다.) 도서관이 문을 닫으면 우리는 책들을 제자리에 꽂고 바닥에 널린 종이 쪼가리를 치운 다음에 우리만의 특혜를 누렸다. 우리는 책을 두 권 빌릴 수 있었다.

내 평생 첫 도서관이었다. 그전까지 내가 접한 문학이라고는 할아버지 책장에서 찾아 집착하듯이 달달 외운 고대 중국 시집과 신문에 연재된 중국 소설과 번역서 들이 전부였다. 신문을 꾸준히 손에 넣기는 어려웠으므로 연재소설은 중간중간 건너뛰거나 도중에 끊기곤 했다.(톨스토이의 『부활』은 후편이 연재되지 않은 탓에 나머지 내용을 끝내 알 수 없었는데, 당시에 삼 학년이었던 나는 그것을 매우 분하게 여겼다. 『데이비드 코퍼필드』도 상당한 부분을 놓쳐서, 새롭게 중국에 소개된 영국 미니시리즈를 이웃집에서 보며 줄거리의 빈칸을 채웠다. 그때 우리집에는 텔레비전이 없었다.)

몇 달 만에 나는 학교 도서관의 문학 선반에 꽂힌 책들을 모조리 읽었다.(내 머릿속에 그 책들은 800번대라고 각인되었다.) 책들의 수준은 들쭉날쭉했으나 주린 정신은 입맛이 까다롭지 않은 법이다. 기억나는 책은 별로 없다. 사실, 기억나는 책은 두 권뿐이다.

하나는 시의 형식으로 쓰인 18세기 소설로, 제목은 『새로이 거듭난 인연의 이야기』다.(제목은 내가 번역했는데, 원제의 정서를 오롯이 포착하지 못했다. 그래도 이 소설을 바탕으로 제작한 텔레비전 시리즈의 제목 〈영원한 행복〉보다는 내 번역을 선호한다.) 저자 진단생은 문학에 종사한 부유한 집안에서 태어났고, 열일고여덟 살에 재미 삼아, 또 어머니와 여동생을 즐겁게 해주려고 책을 쓰기 시작해서 이 년 만에 열여섯 권을 완성했다. 어머니가 죽었을 때 절필했던 그는 남편이 정치적인 분쟁으로 추방당한 뒤에 다시 글을 쓰기 시작했는데, 이야기를 마무리하지 못하고 사십 대에 죽었다. 그보다 재능이 부족한—나는 곧바로 그렇게 평가했다—다른 작가 두 명이 속편을 세 권 썼다. 나는 처음 읽었을 때만 출간된 작품 전권을 읽고, 그 뒤로는 진단생이 쓴 십칠 부까지만 재독했다. 책의 세계에서 친구로 여기는 사람에게 의리를 지켜야 하니까.

이 책은 다양한 해석이 가능하다. 진보적인 면에서, 선구적인 면에서, 또 혁명적인 면에서. 그러나 당시에 나는 책의 해석에는 무관심했다. 끝없이 이어지는 드라마에 매혹되었을 뿐이다. 남성에게만 허락된 교육을 받고 자유로이 여행하고 싶었던 부잣집 여성이 그 꿈을 실현하고자 남장한 채로 살다가 두 젊은 남자와 친구가 되는데, 훗날에 한 명은 그와 약혼하고 다른 한 명은 중국 황제가 된다. 세 사람의 삼각관계는 당대의 역사적 격변에 휘말린다. 여자는 숙적에게 탄압을 당하는 아버지를 구하고자 정계로 진출한다. 예상할 수 있겠지만 그는 과거 시험에서 일등을 하고, 놀랍게도 그 결과로 왕족의 사위로 발탁된다. 혼인할 여자는 알고 보니 그가 오래전에 잃어버린 옛 벗이다. 실연의 아픔으로 자살을 시도한 친구를 황제의 삼촌이 구출하고 양녀로 삼아 공주로 키운 것이었다.

열두 살에 나는 무뚝뚝한 책벌레로 알려져 있으나 속으로는 멜로드라마에 푹 빠져 있었다. 나는 이 책의 문장들을 필사하고 외운 다음에, 시시때때로 그 순간의 기분에 적절한 문장을 떠올리며 입속말로 읊조렸다. 저자와 동시대에 살지 않아서 몹시 아쉬웠다. 동시대에 살았다면 내가 그 책들의 운명을, 아니 심지어 작가의 운명도 바꾸어놓았으리라 상상했던 듯하다. 죽은 작가들과 끊임없이 대화를 나누며 스스로를 지우려는 지금 나의 바람이 중학생 시절 나의 바람과 딴판임을 문득 깨달았다. 한때 내가 작가의 삶에서 한자리를 차지하고 책의 운명을 바꾸고 싶어 했다니. 웬만큼 용감하고 순진하지 않고서야 그런 침범을 상상이나 할 수 있을까.

어린아이가 책을 제대로 읽으려면 한 번은 반드시 책과 사랑에 빠져야 한다. 나의 집착은 다행히도 내가 다른 책에 빠지며 끝났는데, 진단생의 책과 달리 작가가 말년에 쓴 책이었다. 누가 그 책을 주문해 도서관에 들여놓았는지 궁금하다. 우울한 표지의 얇은 그 책은 이반 투르게네프의 『산문시』였다. 도서관이 구비한 책들 가운데 단연 수준이 높고 거의 대여되지 않아서, 나는 도서관 규칙을 어기고 매주 책을 빌리는 기간을 연장했다. 투르게네프가 러시아인이란 사실 말고는 그에 관해 아무것도 몰랐다. 책은 시작부터 끝까지 투르게네프가 들려주는 이야기로 이루어졌다. 대화하는 머리뼈들, 명상할 수 있는 산, 서로 배신하는 친구들, 사형대 앞에 침착하게 선 여자, 자살을 고려하는 작가, 스쳐 지나가는 젊음과 행복. 투르게네프가 작가 경력이 끝나 갈 즈음에 그 책을 썼다는 사실이나, 그가 작가로서 조국을 배신했다고 추궁받은 사실이나, 진보나 혁명에 무심하며 글에 정치색이 부족하다는 이유로 비난받은 사실은 전혀 몰랐다.

그때 나의 정신은 스펀지 같았으니, 내가 투르게네프를 너무 어려서 읽었다고도 할 수 있겠다. 아니면 완벽히 시기적절하게 읽었는지도. 투르게네프의 글은 희망이나 부질없는 바람이나 가리지 않고 모조리 막아주는 수문이나 다름없었다.

내가 병원에 있을 때 매일 전화한 친구는 내가 퇴원한 뒤에도 매일같이 전화해주었다. 때로 나는 한마디도 하지 못하고 울기만 했다. 글을 써, 친구는 매번 말했다. 못 쓰겠어. 나는 말했다. 네 인물들은 살아갈 자격이 있어, 친구는 말했다. 이제 나는 그들에게 관심이 없어. 나는 말했다. 나는 아직 그들에게 관심이 있어. 친구는 말했다. 이런 대화가 도돌이표처럼 반복되던 중 어느 날 친구가 『이성과 감성』을 같이 읽자고 제안했다. 그리고 며칠 뒤에 친구에게 메시지가 왔는데, 비탄에 잠겨 위로마저 거부하는 메리앤에게 엘리너가 간청하며 한 말이었다. *너 자신에게 힘을 줘.*

힘을 줄 나 자신은 어디에서 찾는단 말인가? 그 존재를 제외하고서야 힘을 준다는 말의 의미가 명확해졌다. 이 시기에 나는 가족을 돌보는 일 말고는 아무것도 하지 않으며 책만 읽었다. 책장에 있는 투르게네프의 책을 전부 재독했다. 그의 장편소설과 단편소설과 산문시와 에세이와 편지와 전기 두 권을 읽었는데, 한 권은 V. S. 프리쳇이 썼다.(나는 전기를 쓰는 소설가들을 늘 각별히 아꼈다. V. S. 프리쳇, 슈테판 츠바이크, 로맹 롤랑.) 이처럼 집중해서 책을 읽다보니 마음속에 미세한 움직임이 생겼다. 그 움직임이 무엇이었는지, 과연 실제로 일어났는지는 시간이 흘러봐야 알겠지만, 투르게네프를 알고 지낸 그 오랜 세월에 처음으로 그가 먼 과거의 사람으로 느껴졌다. 그제야 나는 투르게네프를 그가 속한 과거와, 나의 중학생 시절 과거와, 미국에서 막 새로이 삶을 시작한 이민자 시절의 과거에 두고 올 수 있었다.

투르게네프의 서간집을 읽다가 그 언젠가 밴쿠버의 텅 빈 호텔 레스토랑에서 혼자 저녁을 먹다 흘린 포도주 얼룩을 책에서 발견했다. 그날 나는 저녁 식사를 마친 뒤에 어두운 극장에서 재즈 밴드와 리허설을 했다. 낭독하는 내내 나의 목소리를 전혀 들을 수 없었다. 낭독이 끝나자 재즈 밴드의 뮤지션이 대나무 피리로 느린 곡을 연주했다. 내가 탄 기차를 놓치면 그대는 내가 떠났다는 사실을 깨닫겠죠. 백 마일 떨어진 곳에서 기차의 경적을 들을 수 있겠죠.

〈오백 마일〉. 베이징에서 십 대에 이 노래를 처음 들었다. 중국의 중부지방을 행진하던 중에 한 분대원이 싸구려 나무 피리로 연주했다. 병원에서 퇴원한 뒤에 이 노래를 듣곤 했다. 이제 이 노래는, 이 기억들처럼, 투르게네프의 책들처럼, 먼 과거에 속한다.

"아, 친애하는 톨스토이, 내가 얼마나 막막하고 슬픈지 자네가 안다면! 삶을 시작하기도 전에 흘려보낸 듯한 기분을 자네는 부디 느끼지 않기를 바라네." 투르게네프가 편지에 썼다. 그는 마흔 살이었다. 그가 대표작들을 쓰기 전이고, 수십 년이나 지속될 톨스토이와의 다툼도 일어나기 전이다.(이듬해 투르게네프는 친구에게 이런 편지를 보냈다. "나는 톨스토이와 절교했네. 그는 내게 죽은 사람이야.") 오 년 후에 그는 플로베르를 만나 친구가 되고, 아니 거의 가족처럼 친해지고, 플로베르가 죽기까지 십칠 년 동안 친분을 유지한다.

기민한 정신과 건강한 신체를 갖춘 사람이 자기 인생이 끝났다는 듯이 말한 데는 오만하거나 비겁한 이유가 있을 수밖에 없다. 『전쟁과 평화』에서 안드레이의 첫 아내가 아이를 낳다 죽었을 때 안드레이의 심정은 이렇게 표현되었다. "[그는] 자신의 삶을 돌이켜보고 그 익숙한, 절망적이면서도 위로가 되는 결론에 도달했다. 이제 자신은 아무것도 시작할 필요가 없으며, 악행을 저지르거나 불안해하거나 무엇을 희망하지도 않고 살아가야 한다고." 그때 안드레이는 서른세 살이었고, 운명의 짝인 나타샤를 만나기도 전이었다.

드물지 않은 이야기다. 삶이 시작되기도 전에 끝나버렸다는 말. 투르게네프가 젊은 시절부터 중년까지 입에 달고 산 그 한탄은, 중학교 도서관에서 처음 투르게네프를 발견한 시기의 나에게 꼭 필요한 말이었다. 어린이들은 모두 자기만의 방식으로 어린 시절을 종결해야 한다. 나는 운명론을 철저히 받아들임으로써 어린 시절과 작별했다. 진단생이나 투르게네프 같은 옛사람의 시간에 속한 나 자신을 상상하며 자위했다. 내가 이미 늙어버렸다고 믿음으로써 젊음의 의무에서 자유로울 수 있었다. 죽음의 가능성을 눈앞에 둔 덕분에 온갖 사소한 일에 절절매는 삶으로 헛들지 않을 수 있었다. 프리쳇은 투르게네프의 비관이 절대적이었다고 주장했다. 비관이건 낙관이건 운명론적이건, 절대적인 믿음은 머릿속에 맴도는 것들에서 우리를 가장 효과적으로 보호해준다.

Haunt의 어원에 걸맞게도 집의 기억은 우리를 놓아주지 않는다. 투르게네프의 어머니 바르바라 페트로브나는 자존심과 분노로 집안에 군림했다. 투르게네프의 아버지는 투르게네프의 소설 『첫사랑』 속의 아버지와 마찬가지로 경제적인 이유로 결혼했으며 아내에게 충실하지 않았다. 그는 젊어서 죽었다. 두 형제 중 막내인 투르게네프는 어머니의 편애를 받았다. 바르바라는 자신의 반대를 무릅쓰고 결혼한 장남 니콜라이를 상속할 대상에서 제외했고, 니콜라이가 사무원의 봉급으로 아내와 세 아이를 부양하느라 어렵게 사는 사정을 모른 척했다. 투르게네프는 형과 어머니를 화해시키려고 수년간 노력했다. 바르바라는 니콜라이의 아이들을 상트페테르부르크의 거리로 데리고 오게 한 다음에, 손주들을 쓱 한 번 훑어보고는 쌩하니 떠나버렸다. 세 아이가 같은 해에 다 죽은 비극이 일어났을 때도 바르바라는 끝까지 냉정했다.

폭군 같은 부모를 견디기는 물론 어렵지만 그런 부모의 총애를 받는 처지는 더 괴롭다. 세상에서 가장 냉혹한 부모에게도, 그들에게 총애의 대상으로 특별히 선택되어, 사랑을 똑같이 되돌려주지 못하면 처벌을 받는 자식이 있는지 궁금하다. 바르바라 페트로브나는 가차없고 폭력적인 열정으로 이반을 사랑했다. "다른 그 누구도 아닌 바로 이 어미가 너를 낳았다." 이반이 해외로 여행을 떠날 때마다 바르바라는 편지에 썼다. "너는 에고이스트 중에서도 가장 지독한 에고이스트야. 나는 너를 너 자신보다 더 잘 알아… 너는 아내에게 사랑받지 못하리라고 장담한다."

투르게네프는 성인이 된 후에 거의 평생을 해외에서 살았고, 그 이유로 자신의 어머니는 물론 러시아 국민에게서 배신자 취급을 당했다. 하지만 자신을 놓아주지 않는 대상과 어떻게 더불어 산단 말인가? 나는 너를 보지 않고도 속속들이 알아. 너는 내 몸에서 나왔으니까. 내가 어렸을 때 어머니가 자주 하던 말.

분노와 소유욕으로 가득한 어머니에 관해 읽을 때면 부르르 몸이 떨린다. 어머니들이 다 그렇지 않다는 사실이 점차 내게 위안이 되어주고 있다. 진단생의 어머니는 교육이 여성에게 해가 된다고 믿었던 시대에 두 딸을 시인으로 키웠다. 존 맥가헌이 자신의 어머니 곁에 묻혀 있다는 사실을 떠올리면 마음 한구석이 따뜻해진다. 친구의 부모를 함께 만나 자연스럽게 친밀한 가족의 모습을 보았을 때 나는 머리로는 이해하면서도 얼떨떨했다. 그리고 내가 그런 것을 놀라워한다는 사실을 슬퍼하며 울었다.

그러나 자신의 전기는 바꿀 수 없다. 이야기를 고쳐 써봐도 위로받지 못할 것이다. 열두 살로 돌아가 투르게네프를 읽지 않을 수도 없다. 한번은 통화 중에 아버지가 우리 문제에 새로운 빛을 비추어보자고 제안했다. 양자 물리학자의 신비한 비논리와 운명론자의 순수한 논리가 뒤섞인 제안이었다. 우리가 전생에 남들에게 무슨 짓을 했는지 누가 아니. 우리에게 주어진 것은 전부 우리가 받아 마땅한 것이다.

어떻게 하면 우리에게 주어진 것들과 살면서 후회나 갈망이나 미련에서 자유로울 수 있을까? 파리코뮌이 파리를 점령했을 때 투르게네프는 플로베르에게 편지를 보냈다. "아, 우리 같은 사람들이 살기 힘든 시대네. 우리처럼 *타고난 구경꾼들* 말일세." 그러나 구경꾼으로 태어나는 사람은 없다. 자신의 선택이다. 살고

자 내리는 선택이다.

투르게네프는 끝내 결혼하지 않았다. 그는 당대 유명한 오페라 가수였던 폴린 비아르도를 거의 평생 사모했고,(투르게네프의 어머니는 폴린을 "못생긴 집시"라고 부르며 개탄했다) 폴린과 가까이 있으려고 파리에서 바덴이나 런던으로 갔다가 또 파리로 돌아오는 식으로 살았다. 투르게네프는 폴린의 남편과 친구가 되어 함께 번역 작업을 하기도 했다. 그는 부부에게 자신의 서출 딸을 입양해 폴린의 이름을 따서 폴리넷이라고 불러달라고 부탁했다. 폴린이 은퇴하고 오페레타를 작곡하기로 하자 투르게네프는 가사를 써주었다.

투르게네프는 증인으로서 뛰어난 재능을 지녔다. 그가 폴린과 플로베르에게 보낸 편지에는 역사적인 사건과 일상의 모습이 두루두루 담겨 있다. 1848년에 파리에서 벌어진 혁명의 광경을 투르게네프는 이렇게 표현했다. "핫초콜릿과 시가를 파는 장사꾼들이 군중 사이를 돌아다니는 모습에 충격을 받았네. 탐욕스럽고 만족스럽고 무관심한 그들은 물고기가 가득한 그물을 끌어올리는 어부의 표정이었지." 1865년 7월 7일, 에이브러햄 링컨의 암살을 공모한 메리 수랏, 루이스 파월, 데이비드 헤럴드, 조지 애체롯의 교수형을 구경하려고 불볕더위에 워싱턴 D.C.로 몰린 인파를 본 기자도 비슷한 인상을 받았다. "감옥 밖의 분위기는 딴판이었다. 장사꾼들은 케이크와 레모네이드를 신나게 팔고 있었다." 거리를 두는 한 호기심 어린 시선으로 안전하게 삶을 관찰할 수 있다. 그것이야말로 구경꾼의 특권이다.

수년간 나는 윌리엄 트레버의 『두 가지 삶』을 지니고 다녔다. 〈투르게네프를 읽다〉와 〈움브리아의 나의 집〉이라는 중편소설 두 편을 엮은 책이다. 나는 트레버의 작품들 가운데 〈투르게네프를 읽다〉를 제일 좋아한다. 소설 속 세계에서 두 주인공은 공통점이 별로 없다. 작은 마을 출신의 개신교도인 아일랜드 여자는 삼십 년 넘게 자발적으로 정신병원에 머무르고 있다. 다른 주인공은 움브리아의 근사한 집에 사는 잉글랜드 여자인데, 과거는 수상하고 현재는 비밀스럽다. 두 사람이 만날 가능성은 희박하다.

정신병원에서 지내는 아일랜드 여자가 투르게네프의 소설을 읽고 달달 외우는 일이나 베이징의 중학교 도서관에서 투르게네프의 책이 대여되는 일이나 비슷비슷하게 보기 드문 경우일 터이다. 트레버의 작품에서 투르게네프와 조우했다는 우연한 행운에 의미를 부여하기는 쉽지만 쓸데없는 짓이다. 연관성은 상징과 패턴을 이용해 인위적으로 부여하는 특성이라서, 마음만 먹으면 어디서든 쉽게 찾을 수 있다. 그러나 삶은 해석을 거부하고, 전형적인 틀에 갇히지 않는다.

퇴원한 뒤로 나는 『두 가지 삶』을 가지고 다니지 않는다. 이유는 설명할 수 없다. 그 시절에 나는 죽은 작가의 책만 읽었다. 의사들의 충고를 거부하고 스스로를 더욱 고립시키려고 그랬는지도 모른다. 그때 나는 삶에서 확실한 것은 전부 수상하게 여겼다. 어느 오후에 막내아들과 벤치에 앉아서 맏이가 수업을 마치고 나오기를 기다렸다. 자주 그랬듯이 우리는 말없이 앉아 있었지만, 아이가 너무도 편히 내 손에 자기 손을 넣고는 세상에서 가장 자연스러운 일처럼 잡고 있음을 알 수 있었다. 물론 자연스러운 일이었다. 그러나 나로서는 이해할 수 없는 감정이었다. 대충 이해하기는 했지만 인류학자의 관점에서 이해한 것에 불과했다.

두 작가가 각자 삶에서 비슷한 일을 겪었다는 이유로 그들을 한 부류로 묶는 일은 속셈이 뻔하고 정당하지도 않다. 메리앤 무어는 편지에서 투르게네프를 딱 한 번 언급했다. 열여덟 살에 뉴욕에 방문한 무어는(그때 무어는 처음으로 현직 예술가들과 시인들을 만났는데, 그 경험을 "고래 뱃속으로의 탐험"이라고 표현했다) 어떤 예술가의 집 책장에서 몰리에르 옆에 꽂혀 있는 투르게네프의 책을 발견했다. 투르게네프의 작품이 무어에게 의미가 있었다고 믿을 근거는 없다. 외려 무어는 결혼한 여자에게 대놓고 집착하는 투르게네프에게 거부감을 느꼈을 가능성이 높다. 투르게네프는 메리앤 무어를 고지식하다고 여겼을 터이다. 무어를 상대로는 톨스토이나 도스토옙스키와 한 것처럼 말싸움도 벌이지 못했으리라.

나는 메리앤 무어의 〈침묵〉에서 자주 인용되는 시구를 우연히 접한 뒤로 그의 편지를 읽기 시작했다. "가장 깊은 감정은 늘 침묵에서 스며 나오지/ 침묵이 아닌 억누름에서." 내가 전생에 비슷한 글귀를 중국어로 적은 적이 있는 듯하다. 아니, 정말로 그랬음이 확실하다. 나는 그 글귀를 좌우명으로 삼고 살았을 터이다. 신조를 버리는 순간 우리는 반항아이자 표류자가 된다.

그때 나는 어차피 여러 작가의 편지와 일기를 읽고 있었던지라 죽은 작가를 한 명 더 추가해도 무방했다. 편지와 일기에서 엿보이는 평범함은 그들의 특출난 사상이나 뛰어난 필력 못지않게 나의 마음을 안정시켰다. 지루하기 짝이 없는 기록이나 지극히 일상적인 소식도 나름 쓸모가 있었다. 소설을 읽다가 도중에 흥미를 잃고 책을 덮은 적은 수두룩하지만, 편지나 일기에서 저자의 발자취를 따라가다 멈춘 적은 없다.

그러나 내 삶의 평범함에서는 위안을 받지 못했다. 글을 쓰지 않았으므로 느릿느릿 흘러가는 하루를 나는 분 단위로 쪼개 일기에 기록했는데, 나 자신에게 힘을 주려는 시도였다. 흐느끼는 시간을 한 시간에서 삼십 분으로, 또 십오 분으로 줄이고, 집중해서 책을 읽는 시간을 십 분에서 두세 배로 늘릴 수 있었다. 소설을 쓰는 일은 종국에는 시간의 흐름을 이해하는 일이라고, 수

년 전에 나는 친구에게 말했었다. 하지만 그때 나는 시간이 멈출 수도 있다는 사실은 미처 깨닫지 못했다. 모파상의 이야기 속 여주인공에게는 수십 년이 한두 문장으로 훌쩍 지나간다. 그러나 파괴의 충동을 피하고자 일기장 위로 펜을 맹렬히 놀리다보면 이십 쪽을 썼는데도 오 분도 채 지나지 않았을 때가 많았다.

메리앤 무어는 상심한 친구에게 이런 편지를 보냈다.

> 문제가 무엇이든지 간에, 우리는 꼼짝없이 덫에 걸린 듯한 기분을 반드시 떨쳐내야 해. 스스로에게 이렇게밖에 말할 수 없더라도 말이야. "지금은 아니어도, 나중에는." …세상 만사가 시시하고 집중할 수 없어도(그래도 밥은 먹고 숨은 쉬고 있다면), "지금은 아니어도, 나중에는"이라고 말하고 침울함에서 벗어나야 해. 나도 제대로 실천한 적은 없고 어쩌면 평생 못 할지도 모른다는 생각이 들어. 그래도, 자동적인 참여 의식에 계속 살아가게 되더라.

삶의 자동적인 참여. 나는 그 문장을 가짜 부적처럼 가슴에 품고 다녔다. 나중이라고 지금과 별반 다르리라고 생각하지는 않았지만 무어의 문장이 듣기에 좋았다.

투르게네프와 마찬가지로 무어도 결혼하지 않았다. 투르게네프는 결혼이 예술가에게 치명적이라고 생각했다. 메리앤 무어는 〈결혼〉이라는 시의 도입부에서 "제도"와 "사업"이라는 단어로 결혼을 표현하는데, 심지어 더 어린 나이인 스물네 살에 무어는 H.D.에게 보내는 편지에 이렇게 적었다. "(신중한 결혼 따위는 없어요.) 결혼은 모두 십자군 원정이에요. 비극적인 요소가 늘 포함되어 있지요."

투르게네프의 삶과 무어의 삶에서 공통점은 단번에 찾을 수 있다. 메리앤 무어의 어머니인 메리 워너는 무어가 태어나고 얼마 되지 않아 남편과 헤어졌다. 이혼한 뒤에 남편은 거의 평생을 망상증과 편집증에 시달리며 요양원에서 살았다. 메리는 메리앤과 메리앤의 오빠 워너를 혼자 키웠다. 투르게네프의 형처럼 워너도 자기 어머니가 반대하는 사람과 결혼했다. 그러나 바르바라 페트로브나와 달리 메리는 며느리를 못마땅해하면서도 제법 너그럽게 행동했다. "제게 잘못이 있다면, 저는 어머니를 위해 당장 목숨이라도 내놓을 수 있지만 어머니를 위해 살 수는 없다는 점입니다." 워너가 결혼하고 나서 얼마 후에 자기 어머니에게 보낸 편지다. 나는 이 확고한 문장을 거듭 읽는다. 강압적인 어머니 슬하에 자란 사람들 가운데 이런 결정을 정확히 표현할 수 있는 명징하고 굳센 정신을 지닌 자가 몇이나 있을까.

종종 나는 메리앤 무어의 글이 왜 내게 특별히 와닿는지, 또 그의 말뜻이 정확히 무엇인지 이해하지 못한 채로 며칠씩이나 그의 글에 빠져 지낸다. "고집스러우리만큼 강한 의지는 그 자체로는 매력적인 특성이지만 소모될 소지를 염두에 두지 않는데, 모든 것은 결국 소모된다." 나는 무어가 편지에 쓴 말을 베껴 적어 친구에게 보냈다. 무슨 뜻으로 한 말일까? 나는 물었다.

무어의 편지는 대체 왜 읽어? 친구는 되물었다.

유대감을 느끼는 작가들의 글은 읽고 또 읽기 마련이다. 투르게네프나 D. H. 로런스나 슈테판 츠바이크나 로맹 롤랑은 특정한 순간에 우리 삶에 들어와 개인적인 역사의 일부로 자리잡는다. 그러나 메리앤 무어의 글을 읽는 데는 그의 고집에 맞먹는 고집이 필요했다. 이해하지 못하는 채로 계속해서 읽는 일은 침입일 수밖에 없었다. 반항이었다.

열 살에 나는 나와 같은 성을 지닌 위대한 시인들의 시를 암기하겠다고 마음먹었다. 이백의 시는 낭만적인 열정을 불러일으켰고, 황제에서 죄수로 전락한 이욱의 시는 쓸쓸한 애수를 머금고 나직이 울렸다. 이청조는 중국 역사에 기록된 여성 시인 가운데 드물게 기생이 아니었다. 도교 도사였던 이야는 여러 시인과 애정 행각을 벌였다. 당나라의 시인들 가운데 난해하기로 명성이 자자한 이상은과 이하의 시는 도저히 이해할 수 없었다. 이해하기 어렵다는 사실이 매력이었음을 이제 알겠다. 이상은의 시는 정교한 형식에 운과 음보를 완벽하게 맞추었고, 단어를 지극히 세심하게 배열하여 엮은 찬란한 이미지와 심오한 메타포는 신비로운 보석 같았다. 이야의 시는 형식은 조금 더 느슨한 편이지만 난해함에서는 뒤지지 않는다. 웬만한 어른들도 이해하지 못하는 두 시인의 시구를 인용하면서 어린 나는 마치 보복하는 듯한 통쾌함을 느꼈다. 인용문을 듣는 사람은 주로 나뿐이었지만 말이다.

그 시절보다 더 많은 경험을 쌓고 대담해진 독자로서 나는 무어의 글을 이해하지 못하는 채로 공감할 자격이 있는지 궁금했다. 무어의 편지는 그의 시에 버금가게 난해하다. 무어의 글을 읽다보면 마치 어둠 속에서 꽁꽁 얼어붙은 눈길을 헤쳐 나가는 기분이다. 타인과 소통하고자 하는 희망이 느껴지는데, 전체적으로 속이 터질 정도로 모호하다. 중요한 뜻을 전달하고 싶은 진심을 담아 글을 쓰면서 왜 이처럼 어렵게 썼을까? 나는 무어의 서간집을 다 읽은 다음에 그의 전기를 읽었는데, 전기 작가도 나와 비슷한 답답함을 표현했다.

편지는 가장 자전적인 소설도 견줄 수 없을 정도로 작가를 투명하고 자연스럽게 드러낸다. 투르게네프는 자기가 살던 곳을 거의 떠나지 않은 플로베르에게 이렇게 말했다.

> 친구여, 노년은 거대한 먹구름처럼 미래와 현재와 심지어 과거까지 뒤덮고, 기억에 수많은 실금을 내서 낡은 도자기 같은 모습으로 더욱 우울하게 만들지.(형편없는 표현이지만 어쩌겠나.) 우리는 반드시 이 구름에서 자신을 보호해야 하네! 그런데 자네는 충분히 방어하고 있지 않은 듯해. 우리가

같이 러시아로 여행을 떠나면 자네에게 이로울 듯하네.

이처럼 권한 뒤에 투르게네프는 자신이 최근에 러시아로 다녀온 나흘 간의 여행에 관해 이야기한다. 이 편지에서 투르게네프가 묘사한 러시아의 시골 풍경은 그의 소설 『루딘』이나 『아버지와 아들』에 담긴 풍경과 크게 다르지 않은데, 투르게네프의 감정이 인물들에게 전이되었기 때문일 터이다.("마치 치유 효과가 있는 물에 몸을 담그고 나온 듯한 기분으로 일상으로 돌아간다.") 그래도 풍경을 소설 속 인물이 아닌 투르게네프의 눈을 통해 보고, 또 플로베르를 위해 묘사하는 그의 글을 읽노라면 단순히 남들의 대화를 엿듣는 것보다 깊은 만족감을 느낀다. 익명의 독자들을 염두에 두고 쓴 글과 친밀한 사람을 위해 쓴 글의 차이가 풍경에 새로운 틀을 씌운다.

소설을 쓸 때는 지극히 객관적인 시선으로 인물을 관찰하는 투르게네프도 편지에서는 과장스럽고 감정적인 표현을 즐긴다. 때로는 매정할 정도로 엄격하게 자신의 글을 통제한 맨스필드도 편지에서는 감정을 마구잡이로 풀어놓는다. 모든 단어를 정확하고 의미 있게 사용한 헤밍웨이도 편지에서는 수다쟁이다.(편지에서 헤밍웨이가 사소한 돈 문제를 입이 아프도록 되풀이하는 부분을 읽다가 나는 우스우면서도 진력이 나 여백에 이렇게 적었다. *이제 그만 헤밍웨이답게 쓰시지!*) 작가의 출간 작품과 사적인 글의 차이에서 그들의 인간성이 느껴지는데, 무어의 글은 편지나 시나 비등비등하게 모호해서 그 누구의 호기심도 파고들 수 없다. 무어의 글을 끈질기게 읽는 내 마음에 반항하거나 침입하려는 목적은 없는지도 모른다. 그저 패배하기를 고집하는 것이다. 무어만큼 독자에게 패배감을 안겨주는 작가는 또 없다.

나는 메리앤 무어가 친구 윌리엄 칼로스 윌리엄스에게 보낸 편지를 거듭 읽는다.

> 많은 경우에 사람들은 타인에게서 질색하는 결점을 본인도 어느 정도 지니고 있는 듯해요. 나는 삶에서나 작품에서나 과도한 경향이 있어서, 쉽고 편해야 정상이라고 암시하는 듯한 것들은 전부 거부해요…
> 마음을 열어두어요, 윌리엄. 연민을 키워요. 그러나 우정에는 연민이 필요하지 않아요. 나는 우정이 몹시 두렵거든요. 결국에는, 의리를 지켜야 한다는 부담 때문에 우정을 피하게 되는 걸까요?

이 편지에서 메리앤 무어는 내가 언어로 표현하지 못한 감정을 적확히 표현했다. 자신에게 과도한 경향이 있다는 무어의 고백을 읽고 나는 삶을 흘려보냈다는 젊은 투르게네프의 한탄을 읽었을 때와 비슷한 기분을 느꼈다. 이처럼 절대적인 선언은 자칫 허세로 오해받을 수 있는데, 어떤 사람들은 극단적이어야만 살아남는다.

작가는 자신의 글이 자전적이지 않다고 주장할 수 있다. 그러나 우리가 숨긴 것들은 우리가 내보인 것들만큼이나 많은 이야기를 들려준다. 그 사실을 고려하면, 자신을 꼭꼭 숨긴 메리앤 무어는 대단히 자전적인 시인이라고 할 수 있겠다. 이런 해석을 무어는 어떻게 받아들였을지 궁금하다. 나라면 움찔했을 터이다. 내 삶의 무엇 하나 새 나가지 않았다는 증거로 지금껏 내가 쓴 글을 전부 검사해보라고 내밀지도 모른다. 한번은, 하필 그것도 베이징에서 열린 이벤트에서, 어떤 여자가 내게 자전적 작가이냐고 물었다. 아뇨, 나는 말했다. 절대 아닙니다. 하지만 아버지가 원자 물리학자였잖아요. 여자는 말했다. 적어도 두 편의 이야기에서 원자력 분야에 종사하는 아버지가 등장하잖아요. 그것은 우연일 뿐이지 진정한 연관성은 없다고 나는 열심히 설명했는데, 삶과 소설을 분리하려는 나의 필사적인 노력이 메리앤 무어의 과도함과 다르지 않다는 사실을 이제 알겠다. 우리는 머릿속에 맴도는 것들에 관해 쓴다. 이 관점에서 보면 작가는 누구나 자전적이다.

"되돌아가기에 능하지 않았다면 나는 오래전에 죽었을 터이다." 무엇으로 되돌아간다는 뜻인지 무어는 끝까지 설명하지 않는다. 무어는 자신에 관해 입을 열 때도 추상적이었다. 비밀이 있다는 증거가 없다면 두 가지 삶을 사는 운명을 면할 수 있다.

ooooo

한 삶은 원하는 사람 누구나 볼 수 있게 개방되어 있으며 상대적인 진실과 상대적인 거짓이 가득하다. 이 삶은 친구들이나 주변 사람들의 삶과 다를 바 없다. 다른 삶은 비밀스럽게 흘러간다. 이 삶에서는 어쩌면 우연으로 묘한 상황들이 겹쳐서, 자신에게 중요하고 가치가 있으며 핵심적인 모든 것과, 스스로를 속이지 않고 진심으로 대한 모든 것과, 삶의 정수를 이루는 모든 것이, 남들의 눈에 보이지 않게 꼭꼭 숨겨졌다. (체호프)

메리앤 무어는 내가 어떤 사람이 될 수 있었는지 상기한다.

무어는 대학 시절을 제외하면 어머니가 죽기까지 어머니와 줄곧 함께 살았다. 무어와 그의 어머니가 뉴욕으로 처음 이사 왔을 때 이웃이 새끼 고양이를 선물로 주었다. 그들은 고양이를 버펄로라고 불렀다. "버펄로가 크면서 점점 더 귀여워지고 있어." 고양이에게 흠뻑 빠진 무어는 오빠에게 편지로 말했다. 다음날 무어가 도서관에서 일하는 동안 그의 어머니는 버펄로를 죽였다. "몰(무어의 어머니)은 클로로폼과 조그만 상자 따위를 다 준비해 놓은 다음에, 월요일에 내가 도서관에 가 있는 동안 해버렸어… 철두철미했지. 나는 가슴에 비수가 꽂힌 기분이야. 버펄로는 참 귀엽고 늘 열심이었어. 무엇을 긁을 때나, 우리가 자기한테 원하는 것을 알아내려고 할 때나 말이야." 그런데도 무어는 어머니를 변호하지 않을 수 없었다. "계속 키웠으면 오히려 잔인한 결과를 낳았을지도 몰라. 계속 키우다가 나중에 다른 사람에게 주어버렸다면 버펄로에게는 그것이 죽임을 당하는 거나 마찬가지였을 테니까."

모녀는 함께 고양이를 허드슨강에 수장했고 이후로 몇 년간 그 부두를 피했다. 무어의 어머니가 따른 무시무시한 논리는 내게 무척 익숙하다. 언니가 대학을 졸업하고 취직한 뒤에 나에게 햄스터 두 마리를 선물했다. 나는 햄스터들에게 정이 들었는데, 얼마 후에 햄스터들이 사라졌다. 내가 딴 사람에게 줬다. 어머니는 말했다. 네가 그것들에 얼마나 집착했는지 생각해보렴. 자기 부모에게도 그렇게 헌신적이지 않으면서.

메리앤 무어와 그의 오빠는 자기들의 어머니를 아이 대하듯이 대했다. 이 생각을 말로 표현할 수 있기 훨씬 전부터 나는 우리 집의 유일한 아이는 어머니라는 사실을 알았다. 어머니의 분노보다 어머니의 눈물이 더 두려웠다.

어머니는 내가 내 삶을 살기 위해 두고 온 아이다. 나는 메리앤 무어의 오빠를 존경한다. 하지만 때로 우리는 헛된 바람에 가까운 희망에 떠밀려 행동한다. 행동을 취한다고 죄를 용서받지는 못한다. 그 행동 자체가 죄다.

그 늦겨울의 저녁들을 기억한다. 도서관에서 사서 보조 일을 마치고 버스 정류장으로 걸어가는 길. 학교에서 버스 정류장까지는 꽤 멀었는데, 길의 시작과 끝에 가로등이 하나씩 서 있을 뿐 다른 불빛은 없었다. 교정도 텅 비어 있었다. 그 시절에는 대낮에도 원명원에 방문객이 없었다. 길 양쪽으로 늘어선 포플러 나무들의 실루엣이 어둑한 하늘에 검게 찍혔고, 까마귀들이 귀따가운 불협화음으로 깍깍거리며 우듬지 주변을 빙빙 돌았다. 포플러 나무들 뒤로 좁은 연못이 두 개 있었다. 여름에 하얗게 또 분홍빛으로 피어났던 연꽃들이 시든 채로 수면에 떠 있었는데, 그때부터 나는 겨울의 연꽃보다 을씨년스러운 광경은 없다는 그릇된 인상을 품게 되었다.

귓전에는 내 발소리가 울리고 머릿속에는 투르게네프의 문장이 울렸다. 그 음울한 시간에 한 가지는 확신했다. 내가 다섯 살 때 아버지가 해준 말. 인간은 다른 인간이 근처에 있을 때만 위험에 처한다고. 아무도 주변에 없었으므로 나는 안전했다. 심지어 현실과 다른 삶을 상상할 수도 있었다. 나는 집에 가기가 두려웠다. 너무도 자주 어머니는 언니에게 고함을 지르고 있었다. 너무도 자주 어머니는 아버지가 언니 편을 든다고 서운해하며 울었다. 가족 모두가 숨쉴 수 있게 어머니의 화를 풀어주고 어린아이처럼 명랑한 모습으로 돌려놓는 일은 내 몫이었다. 끔찍했지만, 최악은 아니었다. 최악은 바로 이것이었다. 무어의 어머니가 무어의 글만 샅샅이 읽은 것이 아니라 매일매일 외모의 변화까지 이 잡듯이 뜯어보았다는 대목을 읽고 나는 몸을 떨었다. 너무도 자주 어머니는 뻔히 다 안다는 듯한 말투로 수상쩍어하며, 버스에서 누가 내 몸을 부적절하게 만졌느냐고 물었다. 어떻게 어머니는 모를 수 있었을까? 그때 이미 나는 너무 늙어버렸다는 사실을, 어둠 속에서 기웃거리는 남자들의 눈에 띄지 않을 정도로 이미 늙어버렸다는 사실을.

"우리는 이야기를 하려고 글을 씁니다. 증명하기 위해서가 아닙니다." 투르게네프가 젊은 작가에게 보낸 편지에서 조언했다. 나도 그것을 좀 더 일찍 깨달았으면 좋았을 텐데. 그러나 증명하는 일은 설사 실패하더라도 명확한 결론을 내줌으로써 안도감을 선사하는데, 안도감을 주는 것들을 우리는 습관적으로 또 중독적으로 찾는다. 나는 참으로 야심만만했다. 어쩌면 인간이 할 수 없는 일을 시도했는지도 모른다. 나는 내가 모든 미련에서 자유로워질 수 있다고, 또 내가 누군가에게 미련을 남기지 않도록 모두에게서 거리를 둔 채로 살 수 있다고 증명하려 했다.

메리앤 무어는 자신의 글과 삶으로 무엇을 증명하려고 했을까. 무엇을, 누구에게, 어떤 이유로 증명하려고 했을까. 무어의 글을 읽으면 분한 기분이 든다. 나는 무어를 볼 때 내가 소망한 자아를 본다.

투르게네프는 멜로드라마 경향이 강한 자기 본성을 선선히 드러냈다.(그의 어머니와 닮은 본성일지도 모른다고 생각하면 심란하다.) 멜로드라마를 완벽히 내면화하여 파괴한 무어는 자기 세계에 오직 한 사람, 자신만을 들였다. 나는 이제 투르게네프를 책장의 다른 작가들 옆에 내려놓을 준비가 되었지만 무어는 나를 오랫동안 놓아주지 않을 듯하다. 내가 그를 이해하지 못해서일까, 아니면 너무 깊이 이해해서일까?

무어는 끝내 집을 떠나지 않음으로써 고통 속의 지름길을 찾았고, 완벽하고 무결하게 고통받았다. "나에게 글쓰기는 갇혀 있는 대화예요." 무어는 세인트 엘리자베스 병원에 감호되어 있던 에즈라 파운드에게 보낸 편지에서 말했다. 나는 미련에 시달리지 않은 무어의 삶을 시기한다. 그의 갇혀 있음을 부러워한다. 무어에게서는 한 줌의 이기심도 찾을 수 없다. 자아가 철저히 제거된 그의 작품만이 존재한다. 명료하고 우아하고 연민 없는 작품만이.

# 인물들 사이에서

 얼마 전에 통화했을 때 어머니는 내 옛날 일기를 읽고 있다고 말했다. 내가 전화한 바로 그 순간에. 나는 화제를 바꿨지만 이야기는 금세 다시 나의 일기로 돌아갔다. 어머니는 일기를 쓰고 싶은 마음이 들어 적당한 공책을 찾다가 처음 몇 장을 빼면 새것이나 다름없는 공책을 찾았다고 했다. 네가 제대한 직후에 쓴 거다. 어머니는 말했다. 아뇨, 안 읽어주셔도 돼요. 어머니가 첫 일기의 내용을 말하려고 하기에 나는 말렸다. 그 순간에 느낀 피해망상은 내가 늘 달고 다니는 두려움이다. 나의 글을 읽는 사람은 나의 무언가를 가져갈 수 있다는 두려움. 내가 자기 조절을 조금만 더 잘했더라면 평생 아무것도 쓰지 않고 아무것도 잃지 않았으리라.
 필립 라킨은 임종 자리에서 자기 일기를 파괴해달라는 유언을 남겼다. 때때로 그의 연인이었으며 훗날에는 동반자였던 오랜 친구 모니카 존스가 라킨의 유언을 집행했다. 존스는 라킨의 일기를 제외한 나머지 사적인 기록은 공개했다. 논쟁의 여지가 있던 유언이 결국 논란을 낳았다. 우리가 처음 만난 날에 윌리엄 트레버는 사람의 소망이 잘못 해석될 가능성을 이야기하며 라킨을 예로 들었다. 그때 나는 트레버의 걱정을 순전히 이론적으로밖에 이해하지 못했으며 그 사실을 자각했다. 나는 서른네 살이었고 트레버는 일흔아홉 살이었다. 나는 책을 한 권 출간했고 그는 서른 권 넘게 출간했다. 그때 나는 말뜻이 잘못 해석될 가능성은 죽음만큼이나 필연적이라고 생각했다. 그러나 나는 젊은이의 운명론은 허세에 지나지 않는다는 사실은 미처 알지 못했다.

허세가 무너지고 나면, 운명론은 매우 위험해진다. 좀 더 솔직하게 말하자면, 적절한 시기에 불살라지기로 보장된 일기장에 꼭꼭 숨겨놓지 않는 이상 글은 우연으로나 의도적으로나 결국 읽히기 마련이다. 그런 글로 자신을 가려봤자 지푸라기로 지은 집에 숨은 것이나 매한가지다. 바람이 불거나 늑대가 덮치거나, 무엇보다, 외부의 힘이 가해지기도 전에 스스로 집을 무너뜨리고 싶은 충동이 들 터이다.

첫 입원과 두 번째 입원 사이에 나는 며칠간 런던에 혼자 있었다. 호텔은 조용한 거리의 조붓한 주택 건물이었고, 높다란 담벼락 사이로 좁은 정원이 있었다. 나는 오랫동안 정원에 앉아 캐서린 맨스필드의 일기를 읽었다. 비가 내리면 호텔 입구에서는 보이지 않는 휴식 공간으로 갔다. 호텔 손님들이 들락거렸지만 그들은 너무 바쁘거나 너무 무료해서 잠시도 가만히 있기가 어려운 듯했다. 관광하거나 업무를 처리하거나 혹은 시간을 때워야 했다. 한 여자는 잡지를 집었다가 펼치지도 않고 도로 내려놓았다. 삼십 대 남자가 정원에 왔다가 나갔다가 나중에 또 와서 자기 어머니에게 똑같은 비 소식을 다시 전했다. 한 남자는 아내와 딸들이 올 때까지 대리석 벽난로만 뚫어지게 보고 있었다.

호텔에서 가장 심심한 사람으로 보이기. 업무를 보거나 관광하러 나가지 않고 무위하기. 몇 시간이고 오도카니 앉아 있기. 이처럼 나만의 세계에 틀어박힌 상태가 위험한 징후였음을 나는 뒤돌아보고서야 이해한다. 무언가를 아주 가까이서 들여다보는 아이의 눈에 실제로 존재하지 않는 무늬가 어른거리는 현상과 비슷하다. 사람의 정신은 자신이 보고 싶은 것을 그려낸다.

마음이 급할 때나 지루할 때나 사람들은 가만히 있지 못한다. 바쁜 사람들은 한 번에 한 가지 일에 집중하지 못하고 어수선히 돌아다닌다. 한가한 사람들은 수백 가지 사소한 일을 집적거린다. 정신이 잠자코 있지 못할 때가 최악이다. 런던에서 나는 속이 요동칠수록 겉으로는 평온을 유지했다. 런던에 가기 몇 달 전에 아일랜드에서는 어두운 호텔방을 무덤으로 만들고 싶은 충동을 느꼈지만, 런던에서는 그 충동마저 사라졌다. 내가 품고 있는 정적만으로 세상을 멀찍이 밀어낼 수 있었다.

그해 나는 자주 여행을 다녔다. 에든버러의 호텔에서는 의학 협회 모임에 허가 없이 들어가서 금이 간 뼈와 염증이 생긴 힘줄에 관한 포스터를 읽으며, 물리적인 사실과 부지런함으로 이루어진 과학자의 삶을 내가 추구했다면 어땠을지 상상했다. 에즈라 파운드의 출생지인 아이다호의 시골집은 일층은 기념관이고 이층은 숙박소로 쓰이는데, 나는 이층의 유일한 숙객이었다. 기념관에 방문객이 올 때마다 나는 혹시나 그들이 빨간 벨벳 밧줄을 들치고 위층으로 올라올까봐 조마조마하면서도 궁금해하며 꼼짝도 하지 않았다. 첫 번째 병원에서 퇴원하고 바로 다음주였다. 모두의 만류를 뿌리치고 고집을 부려 나는 파운드가 삶을 시작한 곳이자 칠십육 년 후에 헤밍웨이가 삶을 마감한 곳인 케첨에서 십 마일 떨어진 헤일리로 갔다. 또 다른 런던 여행을 마치고 귀국했을 때 뉴욕의 JFK공항에서는 컴퓨터 시스템이 고장난 탓에 이민자 수백 명이 피로를 참으며 기다리고 있었다. 미국 여권을 받고 나서 처음 한 여행이었고, 나는 문제없이 수월히 입국했다. 헤아릴 수 없는 상실을 겪은 그해의 작은 승리였다. 그 시기에 떠난 여행은 모두 내가 어느새 잊어버린 믿음을 새롭게 가슴에 새기겠다는 다짐을 반영했다. 아무것도 중요하지 않다. 그릇되었을지도 모르는 믿음이지만, 나는 있음보다는 없음이 더 확실하며 거짓은 진실이 제공하지 못하는 절대성으로 삶을 지탱해준다는 사실을 경험으로 배웠다.

대학에 입학한 첫해에 학교에서 군대 선임들과의 재회 자리를 마련해주었다. 남자라서 여학생 기숙사에 출입할 수 없던 신입생 지도 교수는 입구에서 기다렸다. 내가 나오지 않자 그는 나를 데려오라고 사람을 보냈다. 나는 이층 침대 위층에서 커튼을 쳐놓고 숨은 채로 노크 소리를 무시했다. 과거를 재방문할 이유는 없다고 나의 결정을 합리화했다. 시작과 끝이 있는 조각들로 분리할 수 있는 시간을 굳이 왜 복잡하게 뒤섞겠는가.

대학을 졸업하기 전에 같은 기숙사 아이가 이미 많은 사람이 사인한 티셔츠에 나더러 사인을 해달라고 부탁했다. 부탁받은 대로 사인하기는 했으나 내키지 않은 심정이 티가 났는지, 당시 남자친구는—나중에 남편이 된—내가 너무 냉정하다고 나무랐다. 티셔츠에 사인 하나 더 받는 게 왜 중요한지 모르겠어. 나는 말했다. 어차피 우리가 다시 만날 일은 없을 텐데.

그때 나는 내 말이 사실이라고 믿었다. 하지만 진심이었을까? 내 말이 사실이기를 바라는 마음까지는 진심이었을 터이다. 솔직히 말하자면, 나는 사인을 부탁한 아이를 내가 잊지 못하리라고 이미 알고 있었다. 그 아이는 내가 만났던 사람들 대부분처럼 나의 호기심을 끄는 면이 있었다. 그 아이는 자신의 평범함을 무척 호감이 가는 방식으로 자조했다. 또한 내가 군대 선임들도, 군대가 부여한 권위와 보호가 없이 베이징에서는 그저 초라하고 혼란스러워 보였을 그들도 잊지 못할 것임을 알았다. 기억하는 것은 나의 본능이다.

그러나 내가 기억될지도 모른다는 가능성은 불편하다. 사람들의 기억에서 지워지고 싶은 바람 때문이 아니라, 사람들의 기억 속에서 핵심적인 무언가가 지워지리라는 두려움 때문이다. 기대가 충족되거나 어긋나서, 상황을 제대로 해석했거나 뒤틀리게 해석해서, 이해를 받았거나 받지 못해서, 친절한 마음으로 곰곰이 생각해보거나 악의를 품고 낱낱이 뜯어본 끝에 우리는 타인의 기억에 자신을 적극적으로 맞춘다. 이런 혼란은 피하는 편이 낫지 않을까? 당신에게 나를 기억할 거리를 주지 않을수록 나는 당신을 더 잘 기억할 수 있다.

런던으로 떠나기 전에 이런 결론에 도달했다. 나의 믿음에서 멀리 방황한 탓에 내가 힘들어졌다고. 톨스토이는 수년간 매일같이 일기 끝에 세 글자를 적었다. *내가 만약 산다면*의 러시아어 이니셜. 매달 1일에는 이 구절로 일기를 시작했다. *죽음에 가까워지다*. 어쩌다 나는 일기를 쓸 때마다 이 구절을 적는 것을 잊었을까? *아무것도 중요하지 않다*.

병원에서 연구원으로 일하던 시절에 동물 실험의 모델로 천식에 걸린 쥐를 연구했다. 나는 정해진 시간에 쥐에게 돼지풀 꽃가루를 주입하여 신약의 효과를 검사하는 일을 담당했다. 쥐를 유리 상자에 넣고 천식을 유발한 뒤에 호흡 패턴을 분석했다. 그 실험과 다른 자료들로 천식의 진행 정도를 가늠할 수 있었지만 쥐들이 각자 얼마나 고통받았는지는 알 수 없었다. 혼자 경험하는 고통은 측정할 수 없다.

천식을 뜻하는 단어 asthma의 어원은 '헉헉거리다'라는 뜻의 그리스어다. 그러나 고대 로마 의사들은 천식에 '죽음의 리허설'이라는 별명을 붙였다. 나는 세네카의 편지를 읽다가 이 사실을 발견하고 적어두었다. 세네카는 천식을 앓았고, 디킨스와 프루스트와 딜런 토머스와 E. B. 화이트와 엘리자베스 비숍―목록은 끝없이 이어진다―도 마찬가지다.(슈테판 츠바이크는 도무지 낫지 않는 로테의 천식을 자살을 결심한 이유 중 하나로 들었다.) 모든 사람이 언젠가는 마지막 숨을 내쉰다. 가끔 나는 예술가들의 정신 질환 이야기에 질린다. 죽음을 리허설한 사람들에 관한 이야기도 흥미롭지 않을까?

엘리자베스 비숍은 딜런 토머스의 부고를 읽고 친구들에게 이런 편지를 보냈다. "사실이겠지. 하지만 난 믿을 수 없어… 토머스의 시는 폭이 몹시 좁았어. 출생에서 죽음으로 곧장 이어진 직선 통로였던 것 같아. 그 길에 삶을 위한 공간은 별로 없었어." 두 차례 입원 사이, 6월에 퇴원하고 10월에 다시 입원하기까지의 기간에 나는 그 편지를 거듭 읽었다. 출생에서 죽음으로 이어지는 좁은 통로. 나는 삶을 그렇게 여겨야 한다고 늘 믿어왔다. 스스로에게서 박탈한 공간은 나의 인물들에게 나눠주었다. 인물들의 세계로 들어가 그곳에서 벌어지는 일들에 주의를 기울이고 사건이 전개되기를 기다리며 조급한 마음을 가라앉힌다. 너는 너 자신에게나 타인들에게나 일에 관해서나 늘 참을성이 없어. 이 시기에 한 친구가 말했다. 너처럼 참을성이 없는 사람은 처음이야.

조급함은 무언가를 바꾸거나 강제하고자 하는 충동이다. 나는 자살은 사람들이 잘 이해하지 못하는 종류의 조급함이라고 친구에게 말하고, 엘리자베스 비숍의 편지를 근거로 내밀었다.

고등학교 마지막 학년에 나는 태평한 마음으로 걸핏하면 결석했다. 그때 나는 교사들의 신뢰를 받으며 다른 학생들의 출석을 확인하는 역할을 담당했고, 때때로 같은 반 아이들의 부탁을 받고 기록을 위조했다. 어느 음울한 겨울 오후에 나는 학교에 가지 않고 교정 근처의 황폐한 골목길을 걸었다. 지금은 그 길에 관광객들과 외국인들을 겨냥한 세련된 펍과 고급스러운 식당 들이 즐비하다. 나는 신문에서 본 곳을 찾고 있었다. 베이징에서 처음이자 유일한 곳이라고 기사에 적혀 있었다. 전화기가 대중화되기 전이었고, 지도도 없었다. 그곳을 찾는 데 두 시간 가까이 걸렸다. 사각 형태의 주택단지 안에 위치한 또 하나의 단지였는데, 입구에 이런저런 단체의 이름이 적힌 팻말이 열 개도 넘게 걸려 있었다. 안뜰로 들어서자 한쪽 담벼락 앞에 석탄이 층층이 쌓여 있고, 자전거 여러 대가 줄줄이 기대어 세워져 있었다. 한 여자가 문을 열고 나와 용건이 무엇이냐고 물었다. 나는 후세대의 정신 건강을 위한 자원자 협회를 찾고 있다고 말했다. 여자는 땅이 꺼져라 한숨을 내쉬었다. 기가 막혀서 말이지. 여자는 문 안쪽의 누군가에게 말했다. 정신 나간 애가 또 하나 왔어. 여자는 나를 돌아보고 말했다. 그 사람들 오늘 없다. 돌아가서 네 인생을 살아. 다시는 여기 오지 마라.

낯선 사람들의 무관심은 소설 속 인물들의 무관심과 크게 다르지 않지만, 다른 점이 있다면 인물들의 무관심은 마치 폭로된 듯한 기분을 유발하지 않는다는 사실이다. 소설 속 인물들은 내 삶에 관여하지 않는다. 그들은 나에게 질문할 시간도 없고, 나에 대한 호기심도 없다. 그들은 나를 기억이라는 호박석에 가두어 보존하지 않는다. 비존재에 가장 가까운 상태로 존재할 수 있는 자유. 타인이 우리에게 이런 자유를 허락한다면, 그들에게 무엇을 더 바라겠는가?

하지만 무심한 이들에게는 그들 나름의 힘이 있다. 또다시 나는 인물들이 내 꿈을 점령하도록 허락하고, 또다시 그들은 한 치의 아쉬움 없이 나를 자기들의 세계에서 내쫓는다. *이제 네 진짜 삶으로 돌아가.* 내가 친구들과 통화를 끝맺으며 하는, 짐짓 농담인 척 나를 삭제하는 그 말을 똑같이 인용하며 나를 내쫓는다. 몇 년 전에 한 친구가 내게 물었다. 너는 네가 다른 사람들의 실제 삶에 존재한다는 사실을 아니? 그 말에 받은 충격을 기억한다. 그 시절의 나에게는 소설의 인물들만이 진짜로 느껴졌다. 책을 다 쓴 뒤에는 인물들이 떠나며 남기는 허전함을 달래려고 그들을 부드럽게 죽인다. 그들을 죽이는 상상에 일말의 폭력성이라도 담겨 있다면, 그것은 마음 한구석에 욱여넣어둔 자살 생각만큼이나 비밀스럽다. 나는 글을 쓰면서 죽음의 리허설을 하고 있지는 않을까?

런던에 갔을 때 나는 소설 한 편을 흔적도 없이 지워버릴 생각을 하고 있었다. 완성하지 못하겠다고 사람들에게 통보하고 컴퓨터 속에 묻어둘 작정이었다. 죽음의 리허설이 아니라 깔끔한 결별이다. 이 소설을 쓰다가 타인에게 모질어지고 나 자신에게 가혹해졌다. 우정 하나가 결딴날 뻔했다. 나의 생명과 이 책의 생명 중에 무엇이 더 중요한지 의구심까지 들었다. 어쩌면 둘 다 중요하지 않은지도 모른다. 오래전에 남편은 글을 쓰는 일은 과학계의 직업보다 많은 희생이 따르리라 경고했었다. 진정한 광기 없이는 진정한 예술도 없다. 남편은 고대 중국의 격언을 인용했다. 하지만 나는 그 사실을 문제 삼기를 거부했다. 글을 쓰며 살 수 있다면 무엇이 두려우랴?

작가의 삶이 그가 창조한 인물들에게 좌우될 수 있을까? 얼토당토않은 소리지만, 정신적으로 무너지고 있던 중에 나의 인물들은 더는 내 편이 아니었으며 글쓰기와 나머지 삶 사이에 내가 완강하게 세워둔 차단막마저 앗아갔다. 그전까지 내게 나머지 삶은 최소한의 삶, 표면적인 삶, 살지 않는 것이나 다름없는 삶이었다. 살아 있으면서 살아가지 않는 그런 어정쩡한 상태는 오래 지속될 수 없다. 그 소설을 쓰면서 처음으로 나는 내 삶이 내가 창조한 인물들의 삶만큼 진짜로 느껴지기를 바랐다. 그들의 삶만큼 견고하고 살 만하기를 바랐다. 나는 너희의 존재를 진짜로 받아들이잖아. 나도 진짜 사람처럼 느끼게 해줘. 오직 나의 인물들에게만 외칠 수 있는 말. 그러나 애초에 인물들은 나의 존재를 알면 안 되었다. 그렇다면 왜 그 소설을 살려두는가? 나는 현실 속 사람들에게 실재성을 주기를 거부했다. 그렇다면 왜 그들 곁에 머무르는가?

너를 사랑하는 사람들이 있는데 어떻게 자살을 생각할 수 있니? 너를 사랑하는 사람들을 어떻게 잊을 수 있니? 자꾸자꾸 듣는 질문들. 그러나 이 문제에서 사랑을 따져서는 안 된다. 사랑은 의지로 느낄 수 있는 감정이 아니다. 사랑하기를 멈추어서 자살을 선택하지 않는다. 어려운 문제는, 사랑은 지운다는 점이다. 자아가 흐려질수록 사랑하기가 쉽다.

지금 돌이켜보면 그때 내가 겪은 혼란의 원인은 극명하다. 나는 무언가를 원하는 마음을 향한 나의 반발심을 과소평가했으며, 아무것도 원하지 않을 수 있는 나의 능력을 과대평가했다.

어느 오후에 런던에서 나는 트레버에게 전화했다. 트레버는 척추 통증으로 고생하고 있다고 말했다. 안쓰러워할 필요 없어요. 트레버는 말했다. 나는 노인 아닙니까. 트레버는 내 소설이 어떻게 되어가고 있느냐고 물었다. 거의 다 썼어요. 나는 거짓말했다. 트레버는 작품을 너무 오래 붙들지 않고 놓아주는 편이 좋다고 말했다.

다음 날에 나는 대영박물관에 갔다. 살아 있는 사람들과 오래전에 죽은 사람들 사이에서 자신을 잊기에 좋은 곳이다. 그다음에 박물관에서 멀지 않은 책방에 갔고, 『모니카에게 보내는 편지』라는 서간집을 구매했다. 필립 라킨이 사십 년에 걸쳐 모니카 존스에게 보낸 편지들을 골라 엮은 책이다. 그저 딴생각할 거리가 필요해 중고 책방에서 캐서린 맨스필드의 일기를 구매했다가 그의 세계에 발을 들였듯이, 나는 그 순간에 필립 라킨과 모니카 존스가 나와 무관했기에 그 서간집을 샀다.

책방의 카페가 영업을 마칠 때까지 그곳에 앉아 책을 읽었다. 초기에 보낸 편지에서 라킨은 존스의 혹독한 편지 한 통을 맨스필드의 편지와 비교한다. 맨스필드가 프레더릭 굿이어라는 젊은이에게 쓴 뒤에 "친절한 마음으로 끝내 보내지 않은" 편지다. 맨스필드는 자신을 애인으로 삼을 수 있다고 착각했느냐고 굿이어에게 따끔한 일침을 놓으며 편지를 시작한다. 몇 줄 뒤에 맨스필드는 프랑스의 빌라에 머물고 있는 자신의 일상을 유쾌하고 친밀하게 묘사하고, 또 소식을 보내라는 말로 편지를 마무리한다.

그리고 이렇게 서명했다. "엄격히 '상대적인' 사랑을 담아, K. M."

평소라면 나는 라킨의 편지에서 언급된 맨스필드의 편지를 참고 사항으로 표시해놓는 데 그쳤을 터이다. 나중에 찾아보겠다고 죄다 밑줄을 쳐놓지만 실제로 찾아보는 일은 드물다. 그러나 묘한 우연으로 마침 나는 바로 전날에 맨스필드의 일기에서 그 편지의 초안을 읽었다. 칼같이 단호한 어조에 어리둥절해서 여백에 이렇게 적어놓았었다. 무슨 일이지?!(이 편지는 맨스필드의 서간집에 수록되어 있는데, 편지를 발송했는지는 적혀 있지 않다. 맨스필드가 친절한 마음으로 끝내 보내지 않았으리라는 라킨의 믿음에 동조한다.)

보내지 않은 편지는 모종의 차가운 마음을 품고 있다. 편지는 두 사람이 공유하는 공간이다. 편지를 쓴 사람은 편지를 보내지 않음으로써 상대를 그 공간에 들여놓는 동시에 차단하는 힘을 손에 넣는다. 비겁하거나 계산적인 마음으로 한 행동들은 배려심 혹은 조심성이라는 명분을 내건다. 보내지 않을 편지는 애초에 쓰면 안 된다. 그러나 보내지 않은 편지와 쓰지 않은 편지의 차이는 무엇일까? 그 선택에 이미 진실이 깃들어 있다. 스스로 가한 침묵도 말을 한다. 목적은 소통이 아니라 벌을 주는 것이지만.

존스에게 보낸 편지에서 라킨은 자신이 믿음직스러운 사람이 아니라고 주장한다. 존스가 머릿속에 그린 "호감이 가는 이미지" 보다는 "포샤의 에디, 심지어 포샤의 아버지"에 가깝다고 말한다. 포샤의 아버지와 에디는 엘리자베스 보엔의 소설『마음의 죽음』에 등장하는 인물들이다. 나는 그들의 이름을 보고 화들짝 놀랐다. 영영 묻어두리라 작정하고 있던 나의 소설은 바로『마음의 죽음』과 대화를 나누는 식으로 쓴 것이었다.(그 안타까운 운명의 소설과 관련된 좋은 기억 하나. 로스앤젤레스의 어떤 지하실에서 라디오 인터뷰 진행자와 이야기하던 중에—그는 책을 너무 많이 읽어서 눈에 핏줄이 서 있었다—그가『마음의 죽음』을 손에 든 채로 물었다. 스튜디오로 들어가기 전에 물어보고 싶었습니다. 이 책을 생각하면서 쓰신 작품인가요? 두 책의 연관성을 발견한 사람은 그뿐이었다.)

그러나 내 소설이 보엔의 소설과 나눈 대화라는 표현은 정확하지 않다. 대화의 반대라면 모를까.『마음의 죽음』을 향해 일종의 적의를 품고, 마치 경쟁하듯이, 그러는 중에도 그 소설에 완전히 매혹된 채로 썼다. 그 심정을 곧이곧대로 표현할 만큼 내가 솔직할 수 있을지 모르겠다. 회피해서 즐거움을 찾는 경우는 드물지만 무언가를 낱낱이 파헤쳐 정확히 분석하는 일에는 그 나름의 즐거움이 따르는데, 파헤치는 대상이 자신일 때도 예외는 아니다.(대학 시절과 새내기 과학자 시절에 나는 부차적인 업무들을 가장 즐겼다. 곤충의 신경 조직만 온전히 남겨놓고 모든 부위를 제거하기. 뼈가 거의 투명해질 때까지 쥐의 넙다리뼈에서 골수를 뽑아내기. 쥐의 폐를 말끔히 씻어내기. 어쩌면 나는 과학자로서 자질이 부족하거나 궁극적인 목표가 없었기에 글을 쓰는 일에 애정을 느끼는지도 모르겠다. 나는 결과보다는 오히려 정확하게 수행하는 과정에서 더 큰 즐거움을 느낀다.)

런던에 다녀오고 한참 후에 떠난 다른 여행 중의 일이다. 지베르니에 있는 모네의 정원에 가던 길에 기차역에서 포샤와 마주쳤다. 기차역의 게시판에서 광고하는 전시회 사진에 벨기에 화가 테오 반 리셀베르그의 〈마그리트 반 몬스의 초상〉이 보였다. 검은 옷차림의 여자아이가 화려하게 장식된 문을 열려는 참이다.(아니면 방에 남으려고 문을 닫으려던 참이었을까? 그 문을 출구가 아닌 입구로 생각해야 할까.) 그 여름에 수천 명이 그 역을 지나쳤겠지만 포샤를 알아본 사람은 몇 없을 터이다. 내가 지닌 『마음의 죽음』 페이퍼백 표지에 실린 그림이다. 포샤는 응접실에서 나가는 길이다. "어떤 비밀스러운 힘이 불끈거리는 양 모든 움직임이 조금 과장스러웠다. 그러면서도 그녀는 조심스러웠다. 자신이 살아야 하는 세상을 인식하고 있었다. 열여섯 살에 그녀는 어린아이들 고유의 당당함을 잃고 있었다."

포샤는 고아가 되자마자 이복오빠인 토머스와 안나 부부의 집으로 보내진다. 고아는 늘 멜로드라마이지만 포샤의 멜로드라마는 유달리 견디기가 어렵다. 포샤는 자기만큼 삶을 진지하게 대하지 못하는 사람들의 무능력을 자신의 존재 자체만으로 까발린다. 포샤는 거북스러우리만큼 집요하게 세상을 관찰한다. 그러나 관찰한다고 반드시 이해하지는 못한다. 관찰한다고 반드시 자기 자신을 지키지도 못한다. 포샤에게는 매 순간이 결정적이고 치명적이다. 실제 삶은 대개 그렇지 않은데, 포샤는 매 순간을 의미 있고 분명하게 만들려 하고, 그렇게 고집함으로써 과거와 현재와 미래의 경계를 지운다. 나는 포샤에게 느끼는 유대감을 불편해하며 파리를 쫓듯이 떨쳐낸다. 아무것도 중요하지 않다는 말은 결국 모든 것이 중요하다는 말이다. 포샤와 마찬가지로 나는 삶에서 깊이를 잘 헤아리지 못해 쩔쩔맨다.

꿋꿋해. 한 친구는 포샤를 이렇게 표현했다. 꿋꿋하게 이기적이야.『마음의 죽음』은 이기심을 탐구하는 소설인데, 가치 있는 문학 작품은 모두 결국 이기심을 탐구한다. 어떤 이기심은 다른 이기심보다 더 흔하고, 어떤 이기심은 더 존경스럽고, 어떤 이기심은 더 파괴적이거나 더 회의적이다. 포샤 아버지의 소심한 이기심은 그의 아내가 지닌 매서운 이기심과 대비를 이룬다.(매우 능률적인 그의 아내는 그의 정부가 임신했다는 사실을 알게 되자 정부와 결혼하라고 신속히 그를 내쫓는다.) 에디의 오만한 이기심은 포샤의 삶을 망가뜨린다.(에디는 존재 깊숙한 곳의 순진함에 상처를 입은 비열한 남자인데, 이런 사람들은 냉혹한 사람들보다 오히려 더 절박하게 먹잇감을 찾는다.) 정연한 이기심으로 편리를 추구하며 살아온 토머스와 안나 부부는 포샤의 멜로드라마에 얽혀들고, 그 뒤로는 이들 부부의 냉정하고 이성적인 자존감도 이전의 피상적인 삶을 복구하지 못한다.

어떤 사람들은 자신의 한계를 잘 알고, 그 한계 너머는 중요하지 않다고 무시하기를 택한다. 이러한 이기심을 고결하다고 할 수는 없지만, 포샤의 일기를 읽었다고 고백하는 안나의 솔직함은 존중할 수밖에 없다. "아니, 전혀 이상하지 않아. 딱 내가 할 만한 일이야." 안나는 후회의 기색을 내비치거나 자기 행동을 변호하지 않는다.

보엔의 연인 중 한 명은 포샤와 안나가 각각 보엔의 "반쪽"이라고 했다. 그는 한쪽은 "어린 시절의 순진함 혹은 천재성"을 담고 있고, 다른 한쪽은 "외부의 적대적인 사람 눈에 비친 보엔의 모습"이라고 일기에 기록했다. 두 반쪽을 서로와 대립하게 함으로써 두 반쪽의 합체인 자신은 패배할 수 없게 만든 설정에서 보엔의 천재성을 느낄 수 있다.

보엔은 잔인함과 다정함이 구별할 수 없게 뒤섞인 손길로 인물들을 다룬다. 안나는 모든 감정을 제거하기로 마음먹었다. 포샤는 모든 사람이 자기 마음을 알아주고 그 마음을 되돌려주며 감정의 교류를 통해 부드러워지기만을 바랄 뿐이다. 안나가 타인과의 교감을 스스로에게서 그토록 혹독히 박탈하지 않았다면 우리는 안나를 존중하지 않았을 터이다. 포샤의 사랑이 그토록 노골적이지 않았다면—구하지 않았으며 얻지도 못한 사랑—우리는 포샤를 보호해주고 싶었을 터이다. 보엔은 안나가 더없이 냉정할 때조차 그와 공감하도록 독자의 마음을 조종하고, 포샤에게 괴로워할 권리조차 허락하지 않는 세상과 어느새 한편이 된 독자의 잔인함을 폭로한다.

보엔은 일기는 물론 어떤 종류의 사적인 기록도 남기지 않았다. 기록이 없어졌는지도 모른다. 보엔이 오직 자신을 위해서는 어떤 글을 썼을지 궁금하다. 어쩌면 보엔은 자신이 드러나거나 개인적인 내용이 담긴 글은 일절 쓰지 않았을지도 모르는데, 이것이 내가 보엔에게 모종의 적대감을 느끼는 또 하나의 이유다. 나는 보엔에게 도전할 충동을 느끼며, 마치 맞수를 놓아야만 그에게서 나를 보호할 수 있다고 생각하는 듯한 마음가짐으로 글을 쓴다. 보엔이 소설에서 파괴하는 순진성을 나도 그에 못지않게 단호하게 파괴하고 싶다. 보엔이 허락하는 이기심을 나도 허락하고 싶다. 보엔의 인물들이 겪는 신체적이기보다는 정신적인 폭력을, 나의 인물들도 가해자나 피해자로서 경험하기를 바란다. 포샤는 가장 연약한 순간에 폭로되고 배신당하는데, 그 순간에 보엔은 작가인 자신을 포함해서 그 누구도 포샤를 도와주지 못하게 한다. 보엔이 그 선택에서 느꼈을 법한 만족감을 나도 느껴봤다. 겨울날에 연못가에 앉아 죽음을 생각하는 어린 나를 동정하지 않으며 느끼는 만족감이다. 아니, 나는 자전거를 타고 여자아이 옆을 지나치며 연못으로 뛰어들라고 부추기는 소년들의 편을 들었고, 사각 형태의 주택단지 안뜰에서 여자아이를 쫓은 여자의 편을 들었고, 갈등하다 기진하여 돌아온 여자아이에게 시계를 보며 정확히 몇 분 늦었다고 말하는 어머니의 편을 들었다.

"무슨 일이 벌어질지는 알 수 없으나 무슨 일이 벌어질 수 있는지는 안다." 세네카가 편지에 적은 말. 이 말의 무시무시한 뜻 때문에 나는 보엔과 전투를 벌이듯이 글을 쓴다. 그러나 이것은 대화가 아니다. 대화는 이해를 목적으로 한다. 논쟁도 아니다. 논쟁은 지적 활동이다. 내가 작가로서 보엔과 동의하지 않거나, 그를 오해하거나, 심지어 질투해서 반발하는 마음으로 벌이는 전투가 아니다. 핵심적인 무언가를 붙잡으려는 시도다. "[나는] 작가이기 전에 여자다." 보엔은 말했다. 나는 그것보다 더 절대적인 정체성을 쉽게 내세울 수 있다. 나는 작가이기 전에 사람이라고. 혹은 나는 그 무엇도 아닌 작가일 뿐이라고. 보엔의 글을 읽으면 내가 어떻게 될 수 있는지 알겠다. 보엔의 인물들은 인간이 누구나 어떻게 될 수 있는지 드러낸다. 이러한 깨달음 때문에 나는 보엔에게서 돌아서면서도 그의 작품으로 거듭 돌아간다. "슬픔을 느끼는 순간 사람은 평범하다." 보엔의 말이다. 하지만 이 말로는 충분하지 않다. 무슨 감정이건 간에, 감정을 느끼는 순간에 사람은 필멸을 느낀다.

자신을 에디나 포샤의 아버지와 비교한 스물여덟 살 라킨의 마음에는 자기 비하와 자기 변호가 모두 깃들어 있었던 듯하다. 라킨은 대체 무엇을 깨달았으며 또 무엇을 체념해서, 어떤 수동적인 공격성의 충동에 떠밀려 그런 편지를 썼을까.

"내 삶은 너무도 완벽하게 이기적이어서 나는 이타심의 신기루만 보아도 괴롭습니다." 나중에 라킨은 헌신을 약속하지 못하는 자신의 행동을 다시 한번 합리화하며 말했다.

> 누군가에게 나 자신을 완전히 바치고 싶어요. 특이하게도 나는 타인과 어우러진 느낌을 받은 적이 한 번도 없습니다. 내가 먼저 '숙이지' 않으면 결과적으로 다른 사람이 굽히게 됩니다. 내가 숙이면 나 자신을 잃어버립니다. 유아적이고 자기중심적인 껍데기 속에서 나는 조용히 질식합니다. 존 머리와 함께하는 삶을 꿈꾸는 캐서린 맨스필드의 글을 읽으면 너무도 심란해져요… 타인과 짝을 이루어 조용히 사는 삶은 참으로 대단하게, 거의 불가능하게 여겨집니다. 모르겠어요. 확실한 점은 오직 하나, 나로 하여금 이처럼 스스로를 돌아보게 만드는 사람을 위해 나는 아무것도 하지 않는다는 사실입니다.

자신의 이기심을 이처럼 혹독하게 평가하는 사람들이 있다면, 스펙트럼의 반대쪽 끝에는 자신이 타인에게 모든 것을 준다고 믿는 사람들이 있을 텐데, 나는 이처럼 완벽한 이타심의 긍지를 너무도 잘 안다. 내 어머니의 삶을 압축한 표현이다. 어머니는 은퇴하기 전까지 교직에 몸을 담은 수십 년의 세월 동안 헌신적인 교사로서 학생들과 학부모의 존경을 한몸에 받았다. 어머니는 내가 처음으로 가까이에서, 어쩌면 너무 가까이에서 관찰한, 집 안팎으로 성격이 전혀 다른 사람이었다.

타인을 위해 살지 않는 사람은 자신을 위해 살 줄도 모른다는 가정은 옳지 않다. 누구나 자기 어머니나 연인이나 친구 등 주변 사람들이 스스로를 위해 살 줄 알기를 바랄 터이다. 자기 자신을 위할 줄 아는 마음은 이기심과 다르다.

자신을 포샤의 에디와 비교한 편지를 보내고서 이십이 년이 지난 후에도 라킨은 별로 나아지지 않았다.

> 당신과 달리 나는 진실을 말하는 일에 자신이 없어요. 진실을 말할 수 있을지, 하고 싶은지도 모르겠어요. 나는 가식을 내려놓지 못해요… 당신은 이런 내 모습을 훤히 보면서도 내가 일부러 혹은 심술궂은 마음으로 거짓되게 행동한다고 생각하는 듯해요. 나는 그렇게 생각하지 않아요. 나는 그저 삶을 조금 더 살 만하게 만들려는 거예요.

삶을 살 만하게 만들려는 치열한 분투. 라킨의 편지에 후렴처럼 거듭 나오는 이 주제는 『마음의 죽음』에서 토머스와 안나의 삶을 지배하는 철학과 같다. 독자는 답답해하면서도 내심 그들을 걱정한다. 포샤는 자기 방식대로 살 수 없다면 차라리 삶을 망가뜨리는 편을 택하고, 그 과정에서 토머스와 안나의 삶까지 파괴한다.

나는 자책과 자기 변호를 번갈아 일삼는 라킨을 보며 그가 감정적으로 정직하게 살았으며 고통을 잘 견뎠다고 결론지었다. 그러나 이것은 그가 수십 년에 걸쳐 쓴 편지를 내가 고작 몇 달만에 읽고 받은 인상을 바탕으로 내린 결론이다. 물론 라킨은 세월을 살아냈다. 심지어 견뎌냈다고도 할 수 있다. 빗속에서 홀로 자전거를 타고, 곁에 아무도 없는 저녁에 도저히 먹지 못할 음식을 요리하고, 긴긴밤에 라디오 옆에서 헨델의 음악이 나오기를 기다리고, 가족과 친구들과 연인들과 갈등을 겪고, 모니카 존스와 편지나 전화로 다투고, 무너지고, 상처받아 침묵했다.

> 내가 무슨 행동을 '취하건' 취하지 않건 세월은 끊임없이 흐른다는 생각이(이 구절의 뜻이 무엇이든지 간에) 너무 두려워요. 어쩌면 나는 무위함으로써 '시간'에 제동을 걸 수 있다고 내심 믿는지도 몰라요. 물론 그건 사실이 아니죠. 때가 왔을 때, 삶에서 내린 모든 선택이 진정 무의미해지는 그 순간에, 나는 아무것도 하지 않았다는 후회에 더 괴롭기만 하겠죠… 어쩌면 당신은 무위하는 삶에 나보다 더 본질적으로 잘 맞는지도 모르겠군요.

ooooo

두 번째 병원에서 퇴원하고 이 편지를 읽었을 때 나는 라킨이 부러웠다. 그때 내 삶은 보류되어 있었다. 병원에서 내린 진단에 수긍하려고 노력하고, 약의 복용 및 규칙을 일상에 적용하고, 병원 직원에게 경과를 보고해야 했는데, 이 모든 일은 결국 한 가지 선택을 제거하려는 노력에 지나지 않았다. 무엇이 그 선택을 대체할지 알 수 없었고, 대답해줄 수 있는 사람도 없었다. 주기보다는 가져가기가 쉽다. 주는 행위에는 이해심과 상상력이 필요하지만 가져가는 행위는 결심과 행동만 있으면 된다.

고통에서 벗어나고 싶은 바람은 이기적인가? 자살의 경우에는 많이들 그렇게 생각한다. 그러나 자살만큼 극단적이지 않은 탈출도 타인의 삶에 상처를 낸다. 『마음의 죽음』은 이기심뿐만 아니라 고통을 벗어나려는 투쟁 또한 탐구한다. 과연 누가 상처를 받았는지는 아무도 알고 싶어하지 않는다.

나를 더욱 심란하게 하는 질문. 괴로움은 이기적인가?

평생 나는 어머니에게서 이기적이라고 비난을 받았다. 내게 종교가 있었다면 나는 이 죄를 사해달라고 밤마다 무릎 꿇고 기도했을 터이다. 이기심은 계량할 수 없다. 타인에게 자신을 얼마나 바쳐야 하는지, 자기 삶의 어떤 부분을 살고 어떤 부분을 포기해야 하는지 잴 수 없다. 끝내 나는 내가 이기적이지 않다고 증명하지 못했다.

어머니에게 간청한 적이 있다. 언니가 어떤 기분으로 어린 시절을 보냈을지 상상해보라고, 자매 중 덜 똑똑하고 덜 예뻐서 덜 사랑받는 아이로 사는 삶이 어땠을지 상상해보라고 간청했다. 어머니는 울음을 터뜨렸다. 네 언니가 네 살이었을 때 나는 몸이 안 좋아서 바깥출입이 힘들었는데도 새해 선물로 블라우스를 사줬어. 어머니는 말했다. 그런데 어떻게 내가 그 애를 천대했다고 할 수 있니? 내가 아이를 낳은 뒤에 어머니가 수차례 반복한 말. 자기는 나와 언니가 아기였을 때 절대 밤에 우리를 돌보지 않았다고. 네 아버지가 일어나서 너희 밥을 먹였지. 나를 깨우면 안 되는 걸 알았으니까. 진심으로 뿌듯해하는 말투를 듣고 나는 어머니의 모든 행동을 내가 좀 더 너그러운 마음으로 재고해야 하는지 의아해했다. 어머니는 내가 삶에서 거의 만나보지 못한, 반박할 수 없게 순진한 사람인지도 모르겠다.

순진함을 이기적이라고 할 수 있을까? "우리가 순진함을 경계하는 편이 훨씬 현명한 순간마다 순진함은 말없이 보호를 청한다. 순진함은 말하지 못하는 한센병 환자 같다. 방울마저 잃어버린 채로, 남에게 해를 끼치려는 의도는 털끝만치도 없이 돌아다닌다." 그레이엄 그린은 『조용한 미국인』에서 올던 파일을 이렇게 묘사했다. 오직 순진함만이 이기심을 비난할 수 있다는 사실을 이제 알겠다. 순진함은 자신과 타인의 경계를 인식하지 못한다. 그들의 자아는 끝이 없다. 그들에게는 오직 하나의 세계가 존재하고, 그 세계는 완전하며 한결같다. 우리가 그 세계로 들어서는 일은 침입이고, 떠나는 일은 저버림이다. 순진함의 규율을 따르지 않을 때 우리는 배신자가 된다.(메리앤 무어의 어머니도 순진함의 예시 아닐까? 투르게네프의 어머니도? 자기 자식을 이기적이라고 추궁하는 어머니는 모두 순진하다.)

실제 사람은 언제 어떻게 변할지 모르므로 가설로 대할 수밖에 없다. 반면에 작중인물은 특정한 성격으로 정의되고 설명이 가능해야 한다고 여겨진다. 어떤 인물들은 좀 더 쉽게 맥락을 제공한다. 예컨대 제인 오스틴의 소설 속 젊은 여성들은 행복을 추구하고, 상황이나 우연이나 자기 잘못으로 행복이 좌절되면 괴로워한다. 토머스 하디의 소설 『이름 없는 주드』의 수 브라이드헤드만큼 정의되기를 거부하는 인물은 찾기 어렵다.

라킨과 마찬가지로 나는 토머스 하디를 집착하리만큼 좋아하고, 그의 마지막 소설(라킨은 『이름 없는 주드』를 "길거리의 충돌사고 같다"고 표현했다)을 특히나 좋아한다. 수는 너무도 일관되지 않은 인물이라 믿음이 가지 않는다. 작가가 인물을 잘 지어내지 못했다고 비평할 때 흔히들 쓰는 표현처럼 수가 인물로서 신빙성이 떨어진다는 뜻이 아니다. 소설 속 인물이 그렇게나 불가해할 수 있다는 사실이 믿기 어렵다는 뜻이다. "정말이지 너무도 거슬리는 성격이라 실제 인물에 바탕을 두었을 수밖에 없다"

라고 라킨은 결론을 내렸다. 하디의 전기 작가들 몇 명은 하디가 첫 아내를 바탕으로 수를 창조했을 가능성을 제안했다.

누군가를 안다는 말은 곧 그 사람을 알아갈 노력을 더는 하지 않겠다는 뜻을 내포한다. 살면서 때로 필요한 일이다. 시간이 없거나 참을성이 떨어졌거나 호기심이 시들해졌거나 혹은 우리의 의도와 무관하게 그 사람을 더 알아갈 수 없거나 알아갈 필요가 없는 상황이 닥친다. 그런 사람들은 어떻게 기억되느냐에 따라 우리 마음속에서 인물이 되기도 한다.

소설 속 인물들이 알 수 없음이라는 진짜 사람의 특성을 포기한 뒤에야 비로소 독자들은 그들을 진짜로 여기고 받아들인다. 이렇게 말하면 오해나 혼란을 야기할까봐 걱정은 되지만, 수는 단순히 작중인물로 생각하기에는 너무도 아리송하게 진실하다. 수를 보면 속이 터지지만, 내가 끝까지 옹호할 작중인물은 오직 수뿐이다.

수의 삶에서 벌어진 사건 중 하나는 맨스필드의 경험과 유사하다. 십 대 시절에 맨스필드는 한 젊은이를 연모하다 마음을 접고 그의 형제와 사랑에 빠졌다. 그의 아이를 임신한 맨스필드는 황급히 열한 살 연상의 가수인 남자와 결혼했는데, 결혼식이 끝난 후 초야를 맞기 전에 그 가수를 떠났다. 유산을 했고, 요양한 뒤에 존 미들턴 머리를 만나 연인이 되었다. 맨스필드의 첫 결혼이 무효화되어 두 사람이 결혼할 수 있기 전까지, 맨스필드와 머리는 두 번 헤어졌다가 재결합했다.

맨스필드의 바로 전세대인 수는 주드를 만나기 전에 어떤 대학생과 육체적인 관계 없이 동거했다. 라킨은 주드를 대하는 수의 태도를 마뜩잖다는 듯이 이렇게 표현했다. "나를 사랑하면 안 돼. 하지만 사랑하고 싶으면 하든지." 라킨과 프리쳇을 비롯한 많은 독자들은 수가 앙큼하게 내숭을 떤다고 평가했다. 그러나 나는 그렇게 쉽게 단정할 수 없다고 생각한다. 수는 나이 많은 남자와 결혼하기로 덜컥 결심하는데, 그 남자에게 거부감을 느끼는 것은 물론이고 섹스 자체를 꺼리면서도 내린 결정이다. 그러고는 결혼하기 직전에 주드에게 부부처럼 자기와 나란히 교회의 신도석 사이를 걸어보자고 조른다. 훗날에 수는 충동적으로 남편을 떠나 주드에게 가지만, 그러면서도 육체적인 관계는 갖지 않는다는 조건을 내밀고, 나중에는 주드를 떠나 남편에게 되돌아간다. 종국에 수는 주드의 애인으로 살기로 하되 정식으로 결혼하기는 거부한다. 토머스 하디가 이처럼 "어마어마한 변덕"을 수의 본질로 정했다고 생각할 수밖에 없다. "수는 너무도 뒤죽박죽인 논리를 따라 행동하고, 일을 벌이기 전에는 자기 결정이 옳다고 철석같이 믿다가 막상 일을 저지른 다음에는 그 결정이 잘못되었다고 여겼다. 다른 말로 하면, 이론적으로 옳은 일이 현실에서는 옳지 않았다."

맨스필드의 자유분방한 보헤미안 시절은 흥미진진한 드라마로 만들 소재가 차고 넘친다. 맨스필드는 지치지 않고 계속해서 자신을 새롭게 창조하는 부류의 사람이었다. 맨스필드는 잘못된 판단을 내리고 충동적으로 행동하고 자신과 남에게 고통을 초래하지만, 이중 무엇 하나도 우리가 맨스필드를 하나의 인물로 이해하거나 심지어 아끼는 마음에 영향을 끼치지 않는다. 맨스필드의 일기에 담긴 세세한 내용은 그가 어떤 사람이었는지 드러낸다. 뇌리에 스친 생각, 그를 두고두고 괴롭힌 통증, 나중에 단편소설에 포함될 훌륭한 문장들. 나는 맨스필드의 지출 목록을 가장 좋아한다. 대부분 하루 식비인데 편지지와 봉투와 우표와 전보 발송비가 어김없이 들어 있고, 이것들을 다 합치면 식비보다 지출이 컸다. 또 내가 좋아한 소소한 지출들. 커튼, 부츠 광택제, 머리핀, "옷 수선비," "잭에게 보낼 안전핀," "빨래(!)." (맨스필드의 친구이자 경쟁자였던 버지니아 울프의 편지에는 차를 마시고 오찬을 가진 이야기는 나오지만 생활비는 거의 언급되지 않는다.)

수는 끝까지 이해할 수 없는 인물로 남는다. "하디가 정확히 무엇을 하고 있었는지 궁금하다." 라킨은 수라는 인물을 그렇게 창조한 하디의 의도를 짐작할 수 없어 혼란스러워했다. 하디는 수를 갈팡질팡 갈등하며 독자를 매혹하고 애태우는 그럴싸한 인물로 충분히 그려낼 수 있었다. 그런데 하디는 소설의 다른 인물들, 심지어 공감하기 힘든 인물들에게 더욱 정성을 쏟은 듯하다.

주드의 첫 아내 아라벨라를 예로 들어보자. 아라벨라의 천박하고 가식적이고 냉정한 모습은 거부감을 불러일으키지만, 하디는 아라벨라에게 톡톡 튀는 생기발랄함 또한 주었다. 각박한 삶에서 무엇이라도 얻어내려는 아라벨라의 절실한 바람을 독자는 절절히 느낀다. 소녀 시절에 아라벨라는 보조개를 만들려고 뺨을 홀쭉이 빠는 연습을 한다. 나중에 수와 대면하는 장면에서 아라벨라는 문을 등지고 누워 있다가 주드가 들어온 줄만 알고 매력적인 보조개를 만들 준비를 하지만, 수의 목소리를 듣고 헛된 노력이었음을 깨닫는다.

하디는 마치 비판을 예상하고 선수를 치는 듯한 말로 『이름 없는 주드』 초판의 서문을 끝맺는다. "이 소설은 그저 일련의 겉모습들과 주관적인 인상들에 형태를 주고 체계를 설립하려는 시도에 지나지 않다. 그 인상들이 일관적인지 변덕스러운지, 지속되는지 일시적인지는 크게 중요하지 않다." 수는 처음부터 끝까지 겉모습뿐이다. 무슨 이유로 하디는 수에게만 형태와 체계를 부여하지 않았을까?

소설 끝에서 아라벨라는 주드의 무덤가에 서서 수를 향한 원한이 사무친 진실을 토해낸다. "그 여자는 주드의 품을 떠난 뒤로 한 번도 평온하지 못했고, 지금의 그와 같은 상태가 될 때까지 평온하지 못할 거야!" 작가는 실제 인물을 소설의 세계로 추방하는 행패를 부릴 수 있다. 그렇게 추방된 사람은 알 수 없음이라는 성질을 포기해야 한다. 포기하지 않으면, 잘 빚어지지 않은 인물이라는 독자들의 혹평을 피할 수 없다.

그런데 수를 그렇게 창조한 하디의 선택을 내가 비판한다면, 나 또한 작중인물을 작가나 작가의 삶 속 누군가와 엮는 흔한 오류를 범하는 것은 아닐까? 물론 그 단정을 증명할 만한 세부 사항을 찾아 작가의 작품과 전기를 샅샅이 파헤칠 수도 있을 터이다. 어니스트 헤밍웨이는 아버지에게 보낸 편지에서 자신의 외도를 이렇게 변명했다. "평생 한 여자만 사랑한 아버지는 운이 좋았다고 할 수 있습니다." 버지니아 울프는 캐서린 맨스필드가 죽은 후에도 질투했다. "세상일은 전부 자업자득인가? K. M.이 죽고 나서 이처럼 초라한 평가를 받아도 마땅한가? 나는 아직도 그를 질투하나?" 작가가 인물로 거듭나는 일은 흔하고 놀랍지 않다. 헤밍웨이, 울프, 심지어 라킨도 그의 연애사가 영화로 만들어졌다. 작가의 실재성과 명성과 개성을 제거하고 나면, 그들의 외적 경험과 내면의 세계가 인물적인 특성을 증대하고 이야기에 흥미를 보탠다. 독자는 작가를 인물들에게 돌려보내는 행패를 부릴 수 있다. 작가의 일기와 편지를 읽는 일은 그런 행패로 이어지는 첫걸음이라고 할 수 있다.

라킨은 수의 실제 인물이었으리라고 짐작되는 하디의 사촌 트리페나 스파크스에 관해 편지에서 이야기한다.(트리페나가 하디의 젊은 시절 연인이었으리라는 추정도 있다. 둘 사이에 아이가 있었을지도 모른다.) "하지만 그것이 사실이라면 무척 실망스러울

터입니다. 일단 나는 하디가 몹쓸 사람이 아니라고 생각했고, 둘째로, 나는 그가 어떤 특정한 이유로 우울해했다고 생각하고 싶지 않아요. 삶에 본질적으로 내재한 고통을 진정 이해하는 사람은 그뿐이라고 생각했으니까요."

수 브라이드헤드가 왜 이렇게 문제가 될까? 라킨과 이것에 관해 이야기해보고 싶었다. 나는 하디의 다른 소설들을 재독하고 그의 두 아내가 보낸 편지들을 읽었다. 날마다 방에 틀어박힌 채로 나는 마음속에서만 나와 인연이 닿은 인물들이 등장하는 소설들을 읽었다. 주석을 통해서만 서로 연관이 있는 작가들의 일기와 전기를 읽었다. 가족이 아닌 사람들은 거의 만나지 않았다. 한 친구와만 통화할 뿐 아무와도 말하지 않았다. 고립된 채로 지내면 위험하다는 말을 거듭 들었다. 하지만 살아 있는 기분을 책 속에서만 느낄 수 있다면? 어떤 날에는 한 책에서 다른 책으로 옮겨가며, 나와 무관한 일들에 골몰한 채로 아주 희귀한 평온을 맛보기도 했다. 내 삶에서 거리를 두는 한, 내가 해결할 수 없는 문제들을 사소하다고 넘겨버릴 수 있었다. 그렇게 멈춰 있는 삶과 나 사이에 죽은 사람들과 허구의 인물들이 있었다. 이들에게 둘러싸인 채로 하루를 보낼 수 있었다. 밤의 어둠이 내려앉을 때 인형들로 자기를 에워싸는 아이처럼.

라킨의 서간집을 잃어버릴 뻔했다. 가방을 도둑맞고 반나절

동안 몹시 착잡했다. 인질로 잡힌 가방의 몸값을 치른 후에야 라킨의 편지와 두꺼운 키르케고르의 책과 내 일기와 재회했다. 랩톱과 지갑과 펜 한 묶음은 남의 소유가 되었다.

사생활 침해야. 내가 일기를 잃어버렸다고 했을 때 누군가 안타까워하며 말했다. 나는 그 점에는 별로 마음 쓰지 않았다. 내 일기장을 단순히 돈 벌 기회로 여긴 도둑은 나의 사적인 삶에 침입할 수 없었다. 일기장에 적힌 나 자신과의 논쟁은 외부인에게는 반복되는 뻐꾸기시계 소리에 지나지 않을 터이다. 하지만 이 사건은 내가 환상 속에 살고 있음을 일깨웠다. 일기장을 잃어버리면 하루에서 다음 날로 이어지는 흐름을 잃는다. 책을 잃어버리면—내가 소유한 책인 경우에—대화를 잃는다. 나는 대화로 시간을 기록한다. 일기장을 닫고 책을 책장에 꽂는 순간은 오기 마련이지만 일기를 쓰고 책을 읽으며 나눈 대화는 영원히 나와 함께한다. 인생이나 감정과 달리, 그 대화들은 증발하는 잉크로 기록되지 않았다.

라킨은 편지에서 그 어느 작가보다 캐서린 맨스필드를 자주 언급한다. 라킨은 맨스필드의 삶과 사랑을 분석하며 결국 자기 이야기를 한다. 나는 두 사람의 편지를 동시에 읽으며 나만의 해석을 달고, 맨스필드를 변호하고, 때로는 맨스필드를 변호하는 라킨의 의견에 반대하며 토론한다. 라킨과 맨스필드를 향한 집착이 내가 나 자신에게서 싫어하는 점을 반영한다는 사실을 통렬히 자각했다. 고립된 삶. 자기기만. 무엇보다, 불확실한 자아에서 도망쳐 타인들의 삶에 숨으려는 충동, 아니, 절박함.

맨스필드는 체호프의 삶으로, 라킨은 맨스필드와 하디의 삶으로 피신했다. 자신이 선망하는 사람의 삶을 선택한 맨스필드나, 자신의 약점을 눈감아주었을 사람의 삶을 선택한 라킨이나, 둘 다 자기다운 선택을 내렸다.

라킨은 모니카 존스에게 시집 『성령 강림절의 결혼식들』의 출간 전 가제본을 보냈는데, 다른 여자에게 쓴 사랑 시가 포함되어 있다고 미리 알려주지 않았다. 존스는 어처구니없어했다. 회신에서 라킨은 언제나처럼 회피했고, 그럼으로써 속내를 더욱 빤히 드러냈다.

> 변명하자면, 변명이 아니라 대답을 하자면, 당신도 예상할 수 있었겠지만, 내가 까맣게 잊고 있었다는 것입니다. 나는 한 치의 망설임 없이 그 시를 수록했어요. 당신이 불쾌해하리라고는 상상도 못 했고, 시가 괜찮은 듯해서요… 〈브로드캐스트〉에 관해서는 사과할게요. 당시에는 내가 정말 힘들었을 거라고 확신해요. 어쩌면 나는 대부분 사람들과는 달리 시와 실제 삶을 동일시하지 않나 봐요. 시는 어떤 면에서는 진실하지만, 잔뜩 꾸며지고 편집되었으니까요.

나도 글을 쓰는 일을 실제 삶을 동일시하지 않는다. 꼭 대답해야 한다면, 나는 라킨과 같은 의견이다. 하지만 실제 삶이 무엇이라고 정확히 정의하기는 어렵다. "아무도 내 글을 읽지 않는다고 해도 내가 계속해서 글을 쓸까요? 쓰지 않을지도 모르죠. 하지만 머릿속에서 글을 쓰는 일은 멈출 수 없을 것입니다." V. S. 프리쳇이 엘리자베스 보엔에게 보낸 편지에서 말했다. 작가에게는 글을 쓰는 일이 중요하고 자신의 글이 읽히는 것도 물론 중요하겠지. 프리쳇의 말을 나는 심드렁히 나 자신과 다른 사람들에게 되풀이한다. 사실은 프리쳇의 편지를 읽기 전까지는 이것들이 작가의 삶에 필수라고 생각한 적이 없다. 글을 쓰거나 쓰지 않는 일은 선택이다. 글이 읽히거나 읽히지 않는 일은 가능성이다. 그러나 나는 독서는 실제 삶과 동일시한다. 삶은 책처럼 펼쳤다가 덮을 수 있다. 살아가는 일은 선택이고, 살지 않는 일도 선택이다.

이런 말을 소리 내어 하자니 내가 또 틀렸을지도 모른다는 걱정이 든다. 남들이 반대하거나 오해할지도 모른다는 걱정이 아니다. 내가 하고 싶은 말에 다가갈수록 더욱 멀리 딴 길로 새버릴까봐 두렵다는 뜻이다. 말로 할 수 없는 무언가에 바짝 다가간 말은 잘못되었을 수밖에 없다.

잘 알고 있다. 책과 대화를 나눌 때마다 나는 침묵하지 않기로 한 누군가의 결정에서 도움을 받는다는 사실을. 그런데도 나는 내게 허락되지 않은 것을 탐한다. 한 친구는 문장 하나를 적기 전에 수많은 문장을 지운다. 다른 친구는 생각을 머릿속에만 품고 있다. 그러나 나는 표현되지 않은 상태에서 더 진실한 진리가 있다고 믿는다. 입 밖에 내버린 나는 그 진리를 품을 권리를 잃어버렸을까봐 두렵다.

그렇다면 왜 글을 써서 스스로 덫을 파는가? 보엔이 『마음의 죽음』에서 묘사한 순진함을 답으로 내놓을 수밖에 없다.

> 순진함은 잘못되었다고 자꾸만 비난받기에, 내면이 순진한 사람들은 거짓을 습득한다. 자기 방식으로 말할 수 있는 언어를 끝내 찾지 못한 그들은 진정 이해받기를 포기한다. 그들은 홀로 존재한다. 타인과 관계를 맺을 때 그들은 애정을 주고받고 싶은 욕망과 불안함에 떠밀려 거짓으로 합의한다. 이 세상의 사랑 방식은 너무 타락해서 그들은 적응할 수 없다. 그들은 실수하기 마련이고, 거짓되었다는 비난을 받는다. 그들은 더없이 달콤하고 강렬한 사랑을 바치지만 그 사랑을 바치면서 자기들보다 순진하지 않은 상대를 수천 번 배반한다. 그들은 세상에 끝내 어우러지지 못하면서도 영웅적인 행복을 줄기차게 요구한다. 외곬으로 양보 없이 한 가지 소망을 끈질기게 좇음으로써 그들은 잔인해지고 또 잔인한 대우를 받는다.

삶에서 순진함은 피하는 것이 상책인 듯하다. 그러나 우리는 순진함에 정이 든다. 나는 수와 포샤를 계속 생각한다. 나의 어머니도 생각한다. 실제 사람들보다는 내가 창조했거나 다른 작가들이 창조한 인물들 사이에 사는 쪽이 편하다. 실제 사람들도 죽은 뒤에 글을 통해 인물로 거듭난다. 그들은 나의 순진함을 끝내 알아채지 못할 터이다. 그리고 나는 순진하기에 글을 쓴다.

나는 그 소설을 어떻게 할지 결정하지 못한 채로 런던을 떠났다. 집에 돌아와서 트레버가 다른 소설에 관해 물어본 옛 편지를 찾아보았다. 책은 어떻게 되었어요? 사람들은 마치 병자의 안부를 묻듯이 이런 질문을 합니다. 완성되지 않은 소설은 병자와 비슷해요. 끝에 다다르면 죽었거나, 아니면 훨씬 호전된 상태이죠. 죽었다면 편히 쉬게 해주어야 해요.

말하면 실수하기 마련이지만
그래도 감히 시도한다

　전날 밤 꿈에서 나는 베이징에서 우리가 살던 아파트 입구에 있었다. 그 시절에 아파트 입구에서는 나이 지긋한 반상회 여자들이 검은색 다이얼 공중전화를 지키고 앉아 있었다. 내가 공중전화로 친구들과 통화할 때면 그들은 한심해하거나 궁금해하는 기색을 숨기지도 않고 엿들었고, 통화가 끝나면 장부에 기록하고 통화료를 계산하기 전에 내가 너무 오래 수다를 떤다고 투덜거렸다. 오랜 외출을 어머니와 아버지가 의심하지 않도록, 나는 밖에서 볼 용무를 최대한 많이 모은 뒤에 전화를 하러 나갔다. 그때 내게 용돈이라고는 점심값으로 받은 돈에서 아끼고 모은 푼돈이 전부였는데 몽땅 통화료와 봉투와 우푯값으로 나갔다. 빅토리아 시대 소설 속 인물처럼 나는 어머니와 아버지가 보기 전에 우편물을 확인하고 내 것들을 가로챘다. 세상과 연결되려고 그토록 노력했던 아이가 자칭 은둔자가 되었다니. 자신의 어린 시절을 회상할 때 너무 자세히 들여다보고 싶지 않은 부분이 누구나 하나쯤은 있다.

꿈속에서 나는 공중전화를 쓰고 싶다고 부탁했다. 두 여자가 사무실에서 나왔다. 내가 알던 사람들이었는데, 현실에서는 죽었다. 안 돼. 그들은 말했다. 다들 휴대전화를 쓰니까 이제 서비스가 끊겼어. 내용만 보아서는 특별하지 않은 꿈이었다. 때로 우리는 의지와 무관하게 과거의 우울한 기억으로 돌아가기도 한다. 이 꿈에서 묘한 점은, 두 여자가 내게 영어로 말했다는 사실이다.

내가 글을 쓰기 시작했을 때 남편은 내 결정이 초래할 결과를 온전히 이해했느냐고 물었다. 현실적인 고충에 관한 질문은 아니었지만, 물론 현실적인 고충은 셀 수 없이 많았다. 과연 언젠가는 책을 출간할 수 있을지 막막했고, 작가라는 직업은 과학계 직업과 달리 아무것도 보장되어 있지 않았다. 이민자로서 신분도 불안해졌다. 대부분 대학 동기는 과학자로서 NIW 영주권을 취득했는데, 미국의 국익에 도움이 될 만한 신청인들에게 영주권을 주는 프로그램이다. 어느 나라에서나 예술가는 국익에 크게 도움이 되지 않는다.

남편의 질문은 언어에 관한 것이었다. 모국어를 버리는 결정이 무엇을 뜻하는지 내가 진정 이해했는지 물어보는 것이었다.

나보코프는 그가 질리도록 들었을 질문에 이렇게 대답했다. "타인은 간여할 수 없으며 과연 간여해서는 안 되는 나의 개인적인 비극은 모국어를 포기할 수밖에 없었다는 사실입니다." 그러나 비극이라고 불리는 순간부터 그 일은 개인적이지 않다. 개인적인 고통으로 눈물을 흘릴 수는 있지만, 관객이 우르르 몰려와 이해와 공감을 표하고서야 고통은 비극이라고 불린다. 슬픔은 각자 개인에게 속하지만 비극은 타인들에게 속한다.

나보코프의 괴로움을 상상하면 살짝 죄책감이 든다. 친밀한 관계가 다 그렇듯이 모국어는 때로 우리가 줄 의향이나 능력이 있는 것 이상을 요구한다. 솔직히 말할 수 있다면 나는 나보코프의 말을 빌려 더 강력하고 이상한 선언을 하겠다. 타인은 간여할 수 없으며 과연 간여해서는 안 되는 나의 개인적인 구원은, 나는 모국어를 버렸다는 사실입니다.

힘들던 시기에 한동안 자꾸만 꿈에서 베이징이 나왔다. 꿈속에서 나는 건물 꼭대기(소련 양식의 잿빛 아파트 건물)에 서 있거나 길을 잃은 채로 낯선 동네를 달리는 버스를 타고 있었다. 이런 꿈을 꾸고 일어나면 나는 꿈에 나타나지 않은 기억들을 일기에 기록했다. 발코니 아래 제비 둥지, 지붕 위를 덮은 철조망, 노인들이 앉아서 수다를 떨던 안뜰, 골목길 모퉁이의 먼지가 켜켜이 앉은 녹색 둥근 우편함, 네모난 반투명 플라스틱 덮개 아래 손으로 적어놓은 우편물 수거 시간.

그런데 내가 미국에서 처음 산 도시인 아이오와시티는 꿈에 나온 적이 없다. 아이오와시티의 첫인상이 어땠느냐고 누가 묻기라도 하면 아무리 기억을 뒤져도 의미 있는 대답이 떠오르지 않는다. 최근에 아이오와시티에 갔을 때 내가 매일 산책하던 동네를 찾아갔다. 보기 좋게 차분한 색으로 칠이 된 단층집들과 하얀 울타리를 두른 정원의 풍경은 변함없었다. 그때 나는 이 풍경을 내가 단 한 번도 중국어로 묘사한 적이 없음을 기억했다. 나 자신에게나 다른 사람에게나. 영어가 나의 언어로 자리매김했을 즈음엔 이 풍경이 익숙해졌다. 한 언어에서 다른 언어로 옮겨가는 중에 겪은 일들은 기억에 저장되지 않았다.

집, 평온한 동네의 삶, 언어, 꿈. 이런 것들을 소유하려면 자신도 무언가에 소유될 수밖에 없다. 현재가 과거로 넘어가는 순간에 소유하기는 버리기로 대체된다. 필연적인 결과를 무엇하러 기다리는가?

왜 영어로 글을 쓰기로 했냐는 질문을 많이 받는다. 한 언어에서 다른 언어로 바꾸는 일이 내게는 자연스럽다고 대답하는데, 하나 마나 한 대답이다. 머리칼이 그 많은 날 중에서 왜 이날 하얗게 세었느냐 혹은 왜 어떤 새들은 기온이 떨어지면 남쪽으로 이동하느냐 등의 질문에 정확히 답하기 어려운 것과 마찬가지다. 그러나 이런 비교도 쓸데없다. 내가 이 문제의 핵심에 파고들지 않으려고 지어낸 핑계에 불과하다. 그렇다. 그 결정에는 자연스럽지 않은 면이 있지만 나는 그 사실을 인정하기를 거부했다. 제2 언어로 글을 쓰는 일이 자연스럽지 않다는 뜻이 아니다.

제2 언어로 글을 쓰는 작가는 나보코프와 콘래드를 필두로 동시대 작가들 중에서도 많다. 내가 글을 쓰려고 안정적인 커리어를 덜컥 포기한 점이 자연스럽지 않다는 뜻도 아니다. 자연스럽지 않은 점은, 나는 모국어를 완전히 버렸다는 사실이다. 일종의 자살과도 같은 결심으로.

나보코프의 상실은 그의 불행이 세계사를 맥락으로 쉽게 설명되므로 비극으로 변환되었다. 그의 개인적인 역사는 타인들의 손에 넘어갔다. 어떤 이들은 내가 중국의 역사에서 벗어나려고 영어로 글을 쓰기 시작했다는 의견을 낸다. 그러나 러시아에서 작가로 활동했던 나보코프와 달리 나는 중국어로 글을 쓴 적이 없다. 하지만 작가는 자기 작품의 해석에 간섭할 수 없고, 자신의 사적인 결정이 공공의 프리즘을 통과하며 메타포가 되어도 항의할 수 없다. 한번은 동유럽 출신 시인과 내가—그때 우리는 미국에 산 지 오래되었고, 우리 두 사람 모두 영어로 글을 썼다—행사에서 우리 작품을 모국어로 읽어달라는 요청을 받았다. 저는 중국어로 글을 쓰지 않습니다. 내가 설명하자 행사 주최자는 몰랐다며 미안하다고 했다. 나는 어렸을 때 달달 외운 이백이나 두보의 시를 낭송하겠다고 제안했지만 결국에는 정치적 이유로 수감된 어떤 작가의 시를 읽게 되었다.

실제를 초월하려는 메타포의 욕망은 그 어떤 개인사도 빛을 잃게 만들고, 메타포를 창조한 사람들은 무언가를 밝혀내겠다는 야심에 눈이 먼다. 나는 메타포를 불신하는 마음에서 조지 엘리엇과 동지 의식을 느낀다. "진지한 사람이나 가벼운 사람이나 모두 메타포에 생각이 얽혀버리고 그 힘에 떠밀려 치명적인 일을 저지른다." 수년 전에 남편이 바로 이 위험을 걱정했다는 사실을 나는 안다. 그러나 모국어를 버리기로 한 나의 결정은 개인적이었다. 너무도 개인적이어서 나는 그 어떤 해석도 용납하지 않는다. 그 해석이 정치적이건, 역사적이건, 민족지학적이건.

미국에 거주하는 나와 같은 세대의 중국인 이민자들은 내 영어가 원어민 실력이 아니라고 비판한다. 한 동포는 이메일로 악평을 보냈다. 나의 문체가 진정한 작가답게 아름답거나 음악적이지 않다고. 당신은 단순한 일들에 관해 단순한 문장으로만 쓰더군요. 부끄러운 줄 알아야 합니다. 그는 분노를 터뜨렸다. 대학원에서 한 교수는 영어는 언제까지고 내게 외국어일 테니 작가의 길을 포기하라고 조언했다. 누군가 언어의 소유권을 문제 삼으면 나는 나보코프처럼 짜증을 내는 대신 혼자 웃는다. 나는 순전히 작위적으로 수많은 언어 가운데 영어를 택했다. 어딘가로 향하는 발걸음은 어딘가에서 돌아서는 발걸음만큼 강경하지 않다.

중국을 떠나기 전에 나는 수년간 쓴 일기와 내가 받은 편지 대부분을 파기했다.(차마 파기할 수 없는 것들은 밀봉했고 여태 한 번도 열지 않았다.) 내가 보낸 편지들도 되찾을 수만 있다면 파기했을 터이다. 우리가 모국어와 맺은 관계는 우리가 과거와 맺은 관계와 성질이 비슷하다. 우리는 특정한 순간을 가리키며 이렇게 말할 수 없다. 여기가 내 과거가 시작한 순간이야. 여기가 나와 모국어의 관계가 시작한 시점이야. 그전에 나는 자유로웠어. 우리가 과거나 언어와 직접 관계를 맺기도 전에, 타인들의 과거나 타인들이 그 언어와 맺은 관계가 멋대로 끼어든다. 아주 드문 경우를 제외하면 이야기는 우리가 원하는 시점에서 시작하지도, 끝나지도 않는다.

새로운 사람이 되고자 국경을 넘는다. 원고를 다 쓰고 인물들을 끊어낸다. 외국어를 입양한다. 이런 말들은 모두 거짓되고 억지스럽게 꿰맞춘 개념의 틀에 불과하다. 우리는 이런 생각으로 잠시나마 자유를 맛보는데, 그 자유로움은 우리가 괴로움 속에서 무감각하게 하루하루를 보낼 때 시간이 베푸는 듯한 너그러움만큼이나 허상에 지나지 않는다. 시간을 죽인다는 영어 표현은 나에게 여전히 섬뜩하다. 시간을 죽이는 것은 오직 하찮은 일들이나 쓸데없는 활동들뿐이다. 시간을 죽이려는 용감한 시도로 자살을 제시하는 사람은 없다.

입원해 있던 시기의 어느 금요일에 간호학과 학생들이 빙고를 하러 병원에 왔다. 젊은 여성 환자가 내게 같이 하자고 권했다. 나는 말했다. 빙고는 한 번도 안 해봤어요. 그는 잠시 생각하더니 자기도 병원에서만 해보았다고 했다. 그는 여덟 번째로 입원했다. 한동안 그는 병원에서 학교 수업을 받았다. 그는 자신과 다른 학생들이 운동할 수 있게 허락받은, 울타리가 둘린 조그만 녹지를 가리켰다. 그의 아버지는 오후에 자주 면회를 왔다. 나는 부녀가 같이 앉아 말없이 게임을 하는 모습을 지켜보았다. 그 지경까지 이르렀을 때는 어떤 말도 적절치 않았으리라. 정신이 시간을 견디는 일에 언어는 별 도움이 되지 않는다.

그러나 언어는 정신을 침잠시킬 수 있다. 생각은 언어에 노예처럼 종속되어 있다. 한때 나는 나락이란 절망의 순간이 끊임없이 계속되는 상태라고 생각했지만, 순간은, 심지어 가장 고통스러운 순간도, 언젠가는 끝난다. 우리를 나락에 빠뜨리는 것은 언어다. 제멋대로인 언어가 모래 늪처럼 우리를 하염없이 빨아들인다. 그런데 타인의 언어는—그것이 진부하게 표현된 진리이건 유일한 진리로 통하는 진부한 표현이건—반박할 수 없을 만큼 견고하다. 우리의 손에서 점점 멀어지는 단단한 땅처럼. 언어가 시간을 무의미하게 만들 때 우리는 나락에 있는 것이다. 우리는 시간을 죽일 수 있지만, 언어는 우리를 죽인다.

"환자는 사랑하는 사람들에게 본인이 짐처럼 느껴진다고 말했다." 응급실에서 작성된 기록을 한참 후에 읽었다. 나는 그런 말을 한 기억이 없다. 사랑하는 사람들에게 짐이 된다니. 누군가 내게 이 표현을 제공했음이 분명하다. 나는 이런 표현을 입 밖에 내기는커녕 속으로 생각했을 리조차 없다. 진부한 표현을 거부해서가 아니다. 짐이라는 단어는 자신이 다른 사람들의 삶에서 무게가 있다고 믿음을 뜻한다. 사랑하는 사람들이라는 명칭은 자신에게 사랑할 능력이 있다는 거짓을 품고 있다. 진부한 표현이 강요하는 자기 분석은 늘 달갑지만은 않다.

뉴질랜드에 살던 십 대 시절에 캐서린 맨스필드는 〈스와니강〉을 코넷으로 몇 주나 주야장천 연주한 이웃 남자에 관해 일기에 썼다. "나는 〈스와니강〉과 함께 일어나고 매 끼니를 같이 먹고, 하루의 끝에는 '온 세상이 슬프고 비참하네'를 자장가 삼아 잠든다." 나는 맨스필드의 일기와 메리앤 무어의 편지를 비슷한 시기에 읽었다. 무어는 브린모어 대학에서 열린 모금 행사를 편지에서 이야기하며 수영복 차림의 아가씨들과 그들이 뗏목 아래로 늘어뜨린 녹색 인어공주 꼬리를 묘사했다. "진짜처럼 보였어… 저 멀리 스와니강에서."

이 부분에 표시해놓았는데, 내가 잊고 있던 어떤 순간을 기억으로 불러왔기 때문이었다. 나는 아홉 살이고 언니는 열세 살이었던 어느 토요일 오후였다. 나는 아파트 안에 있었고 언니는 베란다에 있었다. 그해 중학교 합창단에 들어간 언니는 가을 햇빛을 받으며 변성기에 들어선 목소리로 노래했다. 저 멀리 스와니

강, 멀고 먼 곳. 내 마음은 계속해서 그곳을 향하지. 부모님이 계신 그곳.

언니는 중국어로 번역한 가사로 노래를 불렀다. 따라서 내 기억 속에서 언니는 중국어로 노래해야 합당하다. 그런데 나는 베란다의 작은 화단을 떠올릴 수 없다. 아버지가 심었으며 나중에 어머니가 홧김에 뽑아낸 포도 넝쿨도 보이지 않는다. 나팔꽃이 점점이 피어 있던 대나무 울타리도, 베란다 절반을 차지하는, 아버지가 수년간 모아 산더미처럼 쌓아둔 잡동사니도 보이지 않는다. 이것들을 보려면 내가 영어로 하나하나 지명해야 한다. 나는 언니도 볼 수 없다. 그런데 언니가 영어로 부르는 노래가 귓전에 울린다.

나의 뇌는 수년에 걸쳐 중국어를 내몰았다. 나는 영어로 꿈을 꾼다. 영어로 혼잣말한다. 모든 기억이 영어로 정리되어 있다. 미국의 기억뿐만 아니라 중국의 기억, 내가 가져온 기억뿐 아니라 잊고 싶은 마음으로 보관해둔 기억들도. 나는 단연코 모국어를 버려야 한다고 느꼈고 여전히 그렇게 느낀다.

중국어로 글을 쓸 의향이 있나요? 중국인 편집자가 수많은 사람들이 한 질문을 되풀이했다. 나는 쓰지 않을 듯하다고 대답했다. 현대 중국 문학의 흐름에 동참하고 싶지 않으세요? 그는 물었다. 이제껏 나는 내 책을 중국어로 번역하겠다는 제안을 모조리 거절했는데, 어떤 사람들은 이것을 지독한 허위로 여긴다. 가끔찍 어머니는 딸의 책을 읽는 기쁨을 자신에게서 빼앗았다며 내가 이기적이라고 암시한다. 그러나 나는 중국어를 나의 사적인 언어로 여긴 적이 없다. 앞으로도 그럴 일은 없을 터이다.

영어로 글을 씀으로써 나는 무언가 다른 것의 일부가 될까? 그 대학원 교수는 자신에게 속하지 않는 언어로 글을 쓰는 사람은 어디에 속할 수 없으며 속할 자격이 없다고 판단했다. 그러나 그의 주장은 무의미하다. 나는 어딘가에 속하려고 영어로 글을 쓰지 않는다.

새로운 나라이건 새로운 학교이건 정당이건 가족이건 동창회이건 군대이건 병원이건, 새로운 세계에 들어설 때 우리는 그 장소가 요구하는 언어를 사용한다. 잘 적응하려면 두 언어에 능숙해야 한다. 남들이 쓰는 언어, 그리고 자신과 대화할 때 사용하는 언어. 남들과 공동으로 사용하는 언어는 제2 언어를 배울 때와 같은 방식으로 숙달할 수 있다. 상황을 판단하고, 올바른 단어와 정확한 문법으로 문장을 구성한다. 가능하면 실수를 미리 막고, 실수하면 그 경험을 통해 교훈을 얻는다. 제2 언어와 마찬가지로, 공공 언어는 충분한 연습을 통해 능란해질 수 있다.

공공 언어와 사적인 언어의 경계는 유동적인지도 모른다. 그래야 지당할 수도 있다. 하지만 내게는 그렇지 않았다. 글을 쓸 때 나는 다른 사람들도 영어를 쓴다는 사실을 자주 잊는다. 영어는 내게 사적인 언어다. 내 것으로 만들려면 단어 하나하나를 곰곰이 생각해야 한다. 내가 나 자신과 하는 대화가 비록 언어적인 면에서 결함이 있더라도, 이것이 바로 내가 늘 하고 싶었던 대화이며 정확히 내가 원하는 방식이라는 사실에는 의심의 여지가 없다.(이것이 착각일 수 있을까?)

나와 영어의 관계에는 타인들이 탐탁지 않게 여기는 거리가 있지만, 이 관계에서 나는 눈에 띄지 않은 채로 소속된 느낌을 받는다. 나는 삶에서 언제나 그렇게 존재하고 싶은 듯하다. 그러나 무언가를 추구하다 선을 넘을 위험은 늘 도사리고 있고, 나는 눈에 띄지 않은 상태를 넘어 아예 삭제될 위험을 안고 있다.

한때는 중국어로 글을 잘 썼다. 학창 시절에 선생들은 내 에세이를 모범 답안으로 삼았다. 군대 분대장은 자기 연설문을 대필해주거나 그것이 싫으면 화장실이나 돼지우리를 청소하라고 했는데, 매번 나는 대필하는 편을 택했다. 고등학교에서 나는 동급생 몇 명과 웅변대회에 출전했다. 우승자는 반 대표로 애국 행사에 참가할 수 있었다. 무대에서 나는 짓궂은 충동에 떠밀려 가식적인 거짓말로 청중의 눈물을 자아냈다. 심지어 나도 내 연기에 도취해 눈물을 지었다. 내가 선동가로 성공할 수 있겠다는 생각이 문득 들었다. 그리고 심란해졌다. 젊은이는 자신과 세상에 진실하고 싶어해야 하지 않을까. 그때 스스로에게 미처 묻지 못한 질문. 사람의 지성이 공공 언어에만 의존할 수 있을까? 오직 공공 언어를 통해서 자기 생각을 명확하게 정리하거나 올바른 기억을 떠올리거나, 심지어, 진심으로 감정을 느낄 수 있을까?

노래하기를 좋아하는 나의 어머니는 유년 시절과 청소년기에 배운 노래를 즐겨 부른다. 대부분이 1950~60년대의 정치적 선정성을 띤 노래였는데, 어머니가 부르는 법을 배우지 못해 평생 가슴에 품은 채로 거듭 떠올리는 노래가 한 곡 있다. 공산당이 어머니의 고향을 점령한 해에 유치원에서 배운 노래다. 어머니는 첫 소절밖에 기억하지 못한다.

내가 입원했던 병원에서 한 늙은 여자는 반짝반짝한 빨강 구두를 신고 복도에 앉아 있곤 했다. 도로시가 된 기분이야. 그는 내게 구두를 보여주며 말했다. 그 구두는 환자들에게 기부된 물건들 가운데 그가 고른 것이었다. 이따금 정신이 맑은 날이면 그는 빨강 구두 때문에 발이 쑤시고 약 때문에 뇌가 죽은 듯하고 온몸이 아프다고 말했다. 다른 날에는 허공에 대고 보이지 않는 누군가와 끝없이 이야기를 나누었다. 죽거나 어디론가 떠나며 그를 버린 사람들이 돌아와 그를 울렸다.

나는 외로운 도로시 옆에 자주 앉았다. 그렇게 앉아서 엿들었을까? 그럴지도. 하지만 그 누구도 여자의 대화에 침입할 수 없었다. 사람의 공공 언어와 사적인 언어의 경계가 무의미한 지경에 이를 수 있다는 사실이 나는 두렵다. 괴로움을 피하고 행복을 추구하고 건강을 유지하려고 우리가 하는 일 대부분은 자신의 사적인 언어를 안전한 곳에 두기 위함이다. 그러나 삶에 자동으로 참여하다보면 그 공간이 둘러막힌 무덤으로 변하기도 한다. 그 공간을 잃은 사람에게는 하나의 언어밖에 남지 않는다. 어머니와 어머니 쪽 친척들 말에 의하면 나의 할머니는 보이지 않는 사람들과 대화하다 정신병원으로 보내져 그곳에서 죽음을 맞이했다. 너무도 많은 것을 포기해야 한다. 희망. 자유. 긍지. 사적인 언어는 그 어떤 구속도 거부한다. 죽음만이 우리에게서 사적인 언어를 앗아갈 수 있다.

맨스필드는 일기를 쓰는 자신의 버릇을 이렇게 설명했다. "수다스러운 기질이라서… 일기를 쓰는 일만큼 내 마음을 가라앉히는 행위는 없다." 맨스필드의 일기를 읽다보면 딜레마를 느낀다. 여러 번 그는 놀리는 어조로 독자들에게, 즉 후대 사람들에게 직접적으로 말한다. 나는 맨스필드를 불신하는 편을 택한다. 그러나 맨스필드와 직접 대화하는 듯한 기분에서 위로를 받지 않는다고 하면 거짓말일 터이다. 가슴속 암담함을 언어로 정확히 표현할 수 없었던 나는 갈증을 해소하는 독약을 들이켜듯 맨스필드의 글을 읽었다. 타인의 글에 인질로 잡힐 수 있을까? 내가 밑줄을 치고 거듭 읽은 문장들. 그것들은 그의 생각일까, 나의 생각일까?

ooooo

내게 남은 것은 일뿐이다. 하지만 펜이 지팡이처럼 느껴질 정도로 기운이 없는데 어떻게 일하지.

타인과 연결되고 싶은 이 끝없는 열망에는 심오하고도 끔찍한 무언가가 있다.

실없는 작은 새가 날아갈 때 굵은 나뭇가지가 얼마나 격렬하게 흔들리는지 보면 참으로 놀랍다. 새는 그것을 알고 무척이나 으스대겠지.

다른 사람을 온전히 믿고 싶을 뿐이다. 그게 전부다.

내 단점은 그 누구보다 내가 잘 안다. 내가 어떤 면이 부족한지 정확히 안다.

멀리 있는 그들 말고 사람들이 내게 진정 존재한 적이 있던가? 아니면 사람들은 늘 나를 실망시켰고, 내가 그들을 진심으로 받아들이지 않아서 점차 그들이 내게서 멀어졌을까? 내가 죽는다고 해도, 지금 이 테이블에 앉아서 인디언이 조각된 종이칼로 장난치다 죽는다고 해도 무엇이 달라질까. 아무것도 달라지지 않는다. 그러면 왜 나는 자살하지 않는가?

입양한 언어로 생각할 때는 중립적이거나 심지어 무관한 단어들을 계속해서 새롭게 배열하다가 천만뜻밖의 생각에 도달한다.

입양한 언어로 이루어진 기억에는 분리선이 있다. 분리선 전의 기억은 타인의 기억이나 다름없다. 허구라고 해도 좋다. 이렇게 거리를 두는 까닭에 내가 이기적이고 냉정하다는 말을 듣는지도 모르겠다. 과거를 잊는 일은 배반이라고 어렸을 때 학교에서 배웠다. 기억을 잘라내는 일은 죄를 짓는 것이라고 할 수 있겠지.

우리는 감정을 느낄 때는 어떤 언어를 사용할까? 아니, 감정을 느끼려면 언어가 필요할까? 병원에서 나는 인간의 정신과 뇌를 공부하는 의대생들을 방문했다. 의사는 인터뷰를 마친 뒤에 나의 감정에 관해 질문했다. 나는 어쩌면 설명 자체가 불가능한 무언가를 설명할 깜냥이 없다고 대답했다.

당신의 생각을 언어로 설명할 수 있다면 왜 감정은 설명할 수 없나요? 의사는 물었다.

그 답을 찾는 데 일 년이 걸렸다. 입양한 언어로는 감정을 느끼기가 어렵다. 그런데 나는 모국어로는 아예 감정을 느끼지 못한다.

글을 쓰는 일이 헛되다는 생각을 자주 한다. 독서도 마찬가지로 헛되다고. 삶도 마찬가지로 헛되다고. 자신의 사적인 언어로 타인과 소통하지 못할 때 우리는 외롭다. 그래서 공공 언어나 낭만적으로 부풀린 교감으로 그 공허를 채운다. 하지만 우리는 섣불리 의미를 짐작하지 않도록 조심해야 한다. 타인과 서로 알아본 순간은 언어의 부족함을 외려 강조한다. 말로 표현할 수 있는 것은 그 순간을 지속할 수 없다. 말로 표현할 수 없는 것은 그 순간을 좀먹는다.

꿈에서 아파트 입구의 공중전화를 본 뒤에 나는 군대에서 있었던 일 하나를 기억했다. 새해 전야였고, 우리는 명령에 따라 공식 축하 행사 프로그램을 CCTV로 보았다. 프로그램이 반쯤 끝났을 때 당직병이 다가와 내게 장거리 전화가 왔다고 말했다.

부대의 전화기는 우리 아파트 단지 앞에 있던 것과 같은 검은색 다이얼 전화기였다. 전화한 사람은 언니였고, 내 생애 첫 장거리전화였다. 그다음 장거리 전화는 사 년 후에나, 미국 교수와 전화로 면접을 볼 때야 받아보리라. 아직도 그 교수를 기억한다. 뉴욕시의 마운트 시나이 병원에서 전화한 그는 자가면역질환에 내가 어떤 관심을 품고 있는지 묻고, 자기가 진행하고 있는 연구 실험과 미국의 삶에 관해 이야기했다. 그때 나의 영어 실력은 그의 이야기를 반쯤 알아들을 수준이라서, 나는 배경 소음 탓에 놓친 말들을 걱정하며 진땀을 뺐다.

그런데 그 새해 전야에 언니와 무슨 이야기를 했지? 나는 모국어를 버리는 과정에서 그 기억 속의 나 자신을 삭제했다. 영어를 쓰면서 표현이 자유로워졌느냐는 질문을 자주 듣는다. 그러리라고 단정하는 사람들도 있다. 마치 새로운 언어를 습득하면 새로운 사람이 될 수 있다는 듯이 말이다. 그러나 새로운 언어를 배웠다고 지우개질을 멈출 수는 없는데, 친구여, 그것이 바로 나의 슬픔이자 이기심이다. 입양한 언어로 소통하면서도 나는 삭제를 멈추지 않았다. 나를 지우고 타인을 지우며 선을 넘어버렸다. 스스로와 겨루는 이 전쟁의 희생자는 비단 나뿐만이 아니다.

이상적인 세상에서 살 수 있다면 나는 정신에 생각하는 기능만 주고 싶다. 생각이 점차 스러지고 감정이 시작되는 순간이 두렵다. 언어로 담아낼 수 없는 공허를 피하는 그 끝없는 과제를 마주해야 하는 순간. 말할 수 없을 때 하는 말은 실수일 수밖에 없다. 나는 이 책을 씀으로써, 또 다른 책들을 씀으로써 말을 해버렸다. 나 자신을 위하여 그리고 나 자신에게 맞서. 위안은, 내가 선택한 언어. 슬픔은, 말을 해버렸다는 사실.

이것이냐 저것이냐 : 잡다한 이야기들의 합창

작가의 글은 모두 그가 죽은 후에 창조된다.

- 키르케고르, 『이것이냐 저것이냐』

한번은 북토크가 끝나고 어떤 사람이 나를 주차장까지 따라오며 작가를 그만두고 스탠드업 코미디언을 해보라고 이죽거렸다. 한번은 인터뷰 진행자가 나의 인물들이 참으로 음험하다는 사실을 고려했을 때 나는 뜻밖에도 매너가 좋다고 말했다. 한번은 어떤 사람이 나를 '공손한 이민자'로만 생각하고 있다가 자기가 참석한 행사에서 나의 '당찬' 모습을 보고 깜짝 놀랐다고 내 친구에게 말했다. 나처럼 명랑해 보이는 사람이 왜 우울과 고독과 절망에 관해 쓰느냐는 질문을 많이도 들었다.

같은 천공에 머물 수 없는 오리온과 전갈과 달리, 행복과 절망은 감정의 하늘에서 한 공간을 공유할 수 있다. 사람이 음험하다고 반드시 매너가 나쁘다는 법은 없으며 당찬 태도와 공손함은 무관하다. 또한 나는 우울과 고독과 절망에 관해 쓰겠다고 마음먹은 적이 없다. 나는 사람들과 어울리지 않고, 내 인물들의 운명에 간여하지 않는다. 소설 속 인물들 사이에 머무를 때도 나는 실제 삶에서 사람들에게 하듯이 거리를 둔다. 옳건 그릇되었건, 사후 평가는 타인들이 바치는 추모라고 할 수 있다.

> 독자, 우리가 만나기도 전에 벌써 원망하며 들먹이는 이 존재는 과연 무엇인가?
>
> — 아이오와대학 작가 워크숍 학생

작가와 독자는 만나서는 안 된다. 작가와 독자는 각각 다른 시간의 범주에 속한다. 책이 자기만의 생명을 얻어 독자와 만났을 때, 그 책은 이미 작가에게는 죽은 지 오래되었다.

작가와 독자가 상대의 범주에 침입하는 일은 터무니없지만, 양측 모두 인물들이 그어놓은 경계를 자주 무시하고 침범한다. 이런 침범은 두 가지 경우에 일어난다. 작가가 자신의 글이 읽혀야 하는 방향을 강요하며(종이 위나 행간에) 자기 존재를 들이밀 때, 그리고 독자가 인물들을 진정 알려고 노력하는 대신 작가를 재단하려는 목적으로 글을 읽을 때.

> 선생님의 서평을 주의깊게 읽었습니다. 작가로서는 자기 글의 비평을 공정한 마음으로 평가하기 힘들죠. 저로 말하자면, 늘 찬사는 너무 과하고 비판은 너무 약하다고 느낍니다.

제가 겸손하거나 자신감이 부족해서가 아닙니다. 어쩌면 이런 성향 또한 자기애가 쓴 여러 가면 중의 하나일지도요.

- 투르게네프가 자신의 작품에 대한
헨리 제임스의 서평을 읽고 보낸 편지

디드로는 어디선가 이렇게 말했습니다. "*Avant sa mort l'homme suit plusieurs fois son propre convoi.*"(사람은 죽기 전에 자신의 장례식 행렬을 여러 차례 따라간다.) 이번에 저는 제 문학적 관을 뒤따라 걸었습니다.

-『미경지』에 쏟아진 혹독한 악평을
두고 투르게네프가 형에게 보낸 편지

은둔하며 지내는 성공적인 작가 한 명이 내게 말하기를, 자기는 한때 십 년간 홀로 글을 쓰면서 평생 출간하지 않고 서랍 속에 쌓아둘 생각을 했다는 것이었다. 세상이 자신의 천재성을 발견했을 때쯤에는, 자기는 이미 죽은 뒤라서 자기 글에 책임질 필요가 없었을 것이라고.

웬만큼 자기애가 강하지 않고서야 이렇게 생각하기는 힘들 터이다. 대부분 사람은 그처럼 극단적인 바람을 품지 않는다. 삶이 없으면 죽음도 없다. 자신의 문학적 관을 뒤따라가며 이런 생각으로 자위한다면, 용감한 것일까, 비겁한 것일까?

○○○○

중국 출신 작가, 영국에서 큰 상을 수상하다. 이미 편견이 있는 서양인들에게 중국을 팔았다는 혐의를 받다.

- 2015년 4월 기사

중서부의 긴긴 겨울이 끝나고 처음으로 봄기운이 완연한 날이었다. 햇볕이 잘 드는 시카고의 호텔 라운지에서 영어와 중국어로 뉴스 웹사이트를 보고 있었다. 시카고에 오면 젊은 시절로 돌아간 기분이 든다. 처음 미국에 왔을 때 나는 시카고에서 열린 자가면역질환 학회에 참석했다. 추수감사절 전주였다. 미시간 애비뉴에서 나는 추수감사절 행진을 구경하는 미국인들을 구경하며, 이런 축제에 제 발로 와서 즐거워하는 미국인들을 신기하게 여겼다. 나도 톈안먼 광장에서 열리는 축제와 행진에 갔었지만, 정치 수업에서 과제로 내주었기 때문이었다. 그럼에도 어떤 기억은 베이징을 향한 애틋함을 불러일으킨다. 창안졔를 따라 줄줄이 걸린 이층 건물 높이의 거대한 초상화들. 마르크스, 엥겔, 레닌, 스탈린. 이 외국인들의 이름과 얼굴을 우리 세대 사람들은 어렸을 때부터 외웠다. 향수를 불러일으키는 대상이 늘 자신의 정치관과 일치하지는 않는다.

그 기분을 일기에 적어놓겠다고 생각하며 중국인 작가에 관한 기사를 클릭했는데, 내 이름과 얼굴이 화면에 나왔다. 시작점과 끝점이 결국 만나는 원의 순환. 나를 정의하는 전지적 목소리를 피하려고 글을 쓰지만, 나뿐만 아니라 나의 글까지 정의하는 똑같은 전지적 목소리를 다시 마주친다.

> 작가가 속하는 바로 그 집단이 작가에게 가장 심하게 강요하는지도 모릅니다. 정치적 집단이나 종교적 집단, 출신 대학이나 고용인일 수도 있겠죠. 불충할 권리는 어쩌면 모든 인간에게 속하지만, 작가들은 좀 더 안전히 주장할 수 있다고 생각합니다. 불충할 수 있음은 우리의 특권입니다. 하지만 사회는 그 권리를 인정해주지 않겠죠. 그러므로 불충을 양해받을 수 있는 우리 작가들이 더더욱 굳세게 그 권리를 수호해야 합니다.
> ― 그레이엄 그린이 엘리자베스 보엔에게 보낸 편지

나는 서구에서나 중국에서나 동포들에게 문화적 배신자라고 손가락질 받는 데 익숙하다. 왜 중국어로 쓰지 않지? 사람들은 묻는다. 중국어로 쓰지도 않으면서 무슨 권리로 우리 나라에 관해 써?

많은 경우에 집단의 감정은 개인의 감정보다 더 예민하다. 한 무리의 사람들이 기분이 상했다는 이유로 내게 모종의 죄목을 붙이며 비난할 때 나는 별로 죄책감을 느끼지 않는다. 개인의 자유로 남는 한, 글 쓰는 일은 언제나 불충할 터이다.

ooooo

인간은 바깥의 적과 싸우지 않는다. 자기 자신과 싸우고, 자기 사랑과 싸운다. 자기가 원해서.

— 키르케고르, 『이것이냐 저것이냐』

시카고를 떠나기 전에 어머니에게 전화가 왔는데, 어머니는 언니에게 들었다며 나를 향한 중국의 반감을 알려주었다. 나와 같은 중국 뉴스 웹사이트를 보는 남편이 그 기사를 보았으리라는 생각이 그때 엄습했다. 나를 비방하는 말이 가족들 귀에 들어갈 때, 나는 그들에게 어떤 책임이 있을까?

글 쓰는 일은 혼란스럽다. 철저히 사적인 시간에 맞추어진 내면의 시계는 오직 쓰고 있는 글에 따라 돌아간다. 그러나 삶은 다른 시간에 속한다. 두 시간의 간극에 가족이 있다. 내면의 시계에서 그들을 보호하려다 자칫 그들과 단절될 수 있다. 그들을 내면의 시계에 들여놓으면 자칫 방해를 받을 수 있다.

네게 해줄 이야기가 참 많아. 네가 그 이야기들을 글로 써야 하는데, 너는 관심도 없구나.

— 어머니가 통화 중에 한 말

얘는 그걸 원하지 않는 것 같아.

— 아버지가 통화 중에 한 말

오래전에 에세이 모음으로 논문 심사를 받았는데, 심사를 보던 한 작가가 이야기에 왜 어머니가 빠져 있느냐고 물었다. 어머니라는 존재가 늘 이야기에서 중심적이지는 않습니다. 나는 답했다. 제 어머니는 평면적인 인물일 수도 있잖아요. 만약 그렇다면, 그는 말했다. 우리는 그것에 대해 더 잘 알고 싶습니다. 제 어머니가 평면적인 인물이라는 사실에 대해서요? 나는 물었다. 아뇨, 당신이 어머니를 그렇게 생각한다는 사실에 대해서요. 그는 답했다.

글을 쓰는 일과 마찬가지로 글을 쓰지 않는 일도 불충일 수 있다. 자기 어머니의 이야기에서 돌아서는 일은, 모국과 모국어에서 돌아서는 일보다 더 그릇되었을까?

자신을 표현하고 싶어하는 작가들의 바람이 참 흥미로워.
사람들이 다 그런 바람을 품고 있지는 않거든.

- 내 남편

정말로 나는 나 자신을 표현하고 싶어서 글을 쓰는가? 나의 무엇이 표현되어야 하는지를 고려하면, 아니라고 대답할 수밖에 없다. 늘 알고 있던 사실이다. 나로 하여금 글을 쓰게 쉼 없이 몰아가는 원동력은 말로 할 수 없는 무언가와 관련이 있다.

내가 하기 어려운 이야기. 어머니는 대학교 일 학년 때 할머니와 가까운 곳에서 살려고 학교를 자퇴하고 베이징으로 왔는데,

일 년이 채 되지 않아서 할머니는 죽었다. 어머니는 정부의 주거 규정과 교육 규정을 어긴 죄로 식량을 배급받지 못했고, 할머니는 죽는 날까지 배를 주리며 어머니에게 자신의 배급 식량을 나눠주었다.

내가 하지 않을 이야기. 어머니의 '이것이냐 저것이냐.' 너는 미친 엄마가 있는 편이 낫겠니, 아니면 엄마가 죽은 편이 낫겠니? 어머니가 나와 언니에게 매일같이 한 질문. 세상 그 어떤 아이도 자기 어머니가 죽기를 바라지 않는다는 가정이 모든 것을 면죄했다.

내가 잊고 싶은 이야기. 내가 병원에 있었을 당시에 통화할 때마다 꼭 어머니 안부부터 물었다고 남편이 나중에 말해주었다. 당신에겐 아이들이 있잖아, 남편은 말했다. 당신 어머니는 그중 하나가 아니야.

멋진 일이 일어났다. 나는 제7의 천국으로 승천했다. 모든 신이 그곳에 둘러앉아 있었다. 나는 한 가지 소원을 빌 수 있는 특별한 은총을 받았다. "젊음, 아름다움, 권력, 장수, 세상 최고의 미인, 혹은 여기 상자에 담긴 수많은 보물 가운데 원하는 것이 있는가? 그렇다면 하나 고르거라. 단, 하나만 골라야 한다." 메르쿠리우스가 말했다. 잠시 나는 어쩔 줄 몰랐다. 그러고서 나는 이렇게 요구했다. "존경하는 동료 여러분, 한 가지 선택하겠습니다. 언제나 제가 웃는 쪽이 되

게 하소서." 일순 아무도 대답하지 않았다. 그 대신에 신들은 다 같이 웃기 시작했다. 그때 나는 내 소원이 이루어졌을 뿐만 아니라, 신들이 자기 뜻을 멋들어지게 표현할 줄 안다는 사실을 깨달았다. 내 소원에 이런 식으로 진지하게 답했으면 어울리지 않았을 것 아닌가. *"소원이 이루어졌노라."*

— 키르케고르, 『이것이냐 저것이냐』

나를 향한 중국의 반감을 어머니에게서 전해 들은 바로 그날, 이십 년 넘게 연락하지 않고 지낸 고등학교 동창이 내게 이메일을 보내, 나와 같은 반이었던 사람들끼리 주고받은 익명의 댓글을 전달했다. 그토록 오래 연락 없이 지내던 사람들의 적대적인 댓글을 보고 나는 놀랐다. 자신들이 알지 못하는 지금의 나를 향한 야유가, 자신들이 알던 고등학교 시절의 나를 향한 조롱과 섞여 있었다. 그 이메일을 보낸 남자 동창은 언젠가 내게 키스해달라고 했었다. 왜? 그와 전혀 키스하고 싶지 않았던 열여덟 살의 내가 물었었다. 그가 무슨 이유를 댔으며 내가 무어라 하며 거절했는지는 기억나지 않는다. 하지만 과거는, 지나간 시간은, 어김없이 돌아와 자신에게 전혀 권리가 없는 것을 요구한다. 우리의 이야기로 들어오기를 거부하는 사람들보다 더 견디기 힘든 이들은 억지로 들어오려는 사람들이다.

내적인 것과 비교하면 외적인 것은 사소하고 무의미하다.

슬픔의 반추에서 중요한 점은, 슬픔은 슬퍼할 대상을 끊임없이 찾는다는 사실이다. 그렇게 계속 찾음으로써 슬픔은 쉬지 못하고 살아간다.

- 키르케고르, 『이것이냐 저것이냐』

힘들던 시기에 진심으로 배를 잡고 웃은 적이 있다. 희망이 메마른 채로 병원 소파에 앉아 있던 날들 중 하나였다. 다른 환자 한 명이 내 손에서 『전쟁과 평화』를 낚아채더니, 쓸데없는 것으로 스스로 머리를 어지럽힌다며, 활자화할 수 없을 만큼 심한 비속어로 나를 야단쳤다. 톨스토이를 향한 그의 반감이 너무도 개인적으로 느껴져서 나는 웃음을 터뜨리지 않을 수 없었다.

나 때문에 웃는 거야? 그가 물었다. 그러고는 두꺼운 책을 번쩍 치켜들었다. 이 빌어먹을 책 때문에 웃는 거야? 아니! 무거워서 깔려 죽겠네.

글쎄요, 나한테 뭘 바라는 거예요? 나는 물었다. 나는 나 자신을 바꿀 수 없어요.

더 많이 웃어. 그는 말했다.

웃으려면 웃을 대상이 필요하잖아요. 나는 이렇게 말하고 싶었다. 웃음은 논쟁이 아니라 평가에서 비롯된다. 나는 평가하느니 차라리 논쟁하겠다. 머릿속에 이런 생각들이 맴돌아서 웃음을 멈출 수 없었다.

나의 글과 다르게 나는 해맑아 보인다는 말. 혹은 내 작품이 내 외양과 어울리지 않게 너무 음침하다는 말. 이런 말을 들으면 나는 어물쩍 딴말로 넘긴다. 아, 참으로 근사하게 침울한 키르케고르를 생각해봐요. 절망감에서 헤어날 수 없던 일 년 동안 나는 키르케고르를 열성적으로 읽었다. 다른 어떤 작가보다 그는 나에게 많은 웃음을 선사했다.

> 긴 이야기는 어쨌거나 길이를 잴 수 있다. 반면에 짧은 이야기는 길게 늘인 이야기보다 더 긴, 참으로 알쏭달쏭한 특성을 지녔다.
>
> — 키르케고르, 『이것이냐 저것이냐』

어느 여름에 나의 열두 살배기 아들이 『레미제라블』을 처음부터 끝까지 세 번 완독했다. 나는 아들에게 『레미제라블』 말고도 좋은 소설이 많으며, 빅토르 위고 말고도 좋은 작가들이 있다고 설득하려 애썼지만 소용없었다.(심지어 프랑스 작가들 중에서도 많아, 나는 말했다.)

진지하게 독서에 맛을 들인 어린이는 한 번에 한 책만 읽는—심지어 집착하는—경향이 있다. 아이에게는 그 책 한 권이 보여주는 세상이 온 세상을 품을 수 있을 정도로 크거나, 다른 모든 세상을 잊게 할 정도로 완전하다. 그러다 다른 책이 그 책을 대체하기도 한다. 옛 세계가 새로운 세계에 자리를 내준다. 그렇게까지 매혹되는 일은, 혹은 그렇게까지 옭매이는 일은, 어쩌면 생에서 단 한 번 경험할지도 모른다.

> 고독은 고귀하지만, 고독에서 빠져나올 힘이 없는 예술가에게는 치명적이다. 예술가는 반드시 자기 시대에 맞추어 살아야 한다. 요란하고 불순한 시대이더라도 말이다. 예술가는 끊임없이 주고받고, 주고 또 주고, 또 받아야 한다.
>
> — 로맹 롤랑, 『장 크리스토프』

몇 년 전에 중고 책방에서 『장 크리스토프』 영어 번역본을 찾았다. 원작은 1910년에 출간되었다. 내가 발견한 책은 1938년 모던 라이브러리 에디션이었는데, 작가 이름 옆에 출생 년도만 적혀 있었다. 로맹 롤랑(1866-). 책의 주인이 표지 안쪽에 자기 이름과 날짜를 적어놓았다. 에드워드 G- , 1943년 10월 30일. 그가 책을 샀을 때 로맹 롤랑은 살아 있었다. 책 주인은 로맹 롤랑과 동시대인이었다. 자기 이름과 날짜 말고는 책에 어떤 표기도 하지 않았다. 밑줄을 치거나 여백에 메모를 하지 않았다.

열여섯 살부터 열여덟 살까지 나는 『장 크리스토프』 중국어 번역본을 수차례 읽었다. 미국에 처음 왔을 때 나는 프랑스어를 전혀 모르는 채로, 프랑스어 문법책과 사전을 참고하며 『장 크리스토프』 원문과 영어 번역본을 나란히 두고 읽었다. 원문과 번역본은 대학 도서관에서 빌렸는데, 몇십 년이나 대출된 흔적이 없었다. 나는 암기하다시피 한 책을 그런 방식으로 읽으면 영어 실력을 향상하고 프랑스어를 익힐 수 있으리라 믿었다. 2권으로 넘어가기 전에 두 책의 반납일이 찾아왔다.

롤랑은 노벨상까지 탄 소설가이자 극작가이자 음악 비평가이자 전기 작가이지만 미국에서는 오래전에 잊혔는데, 부분적으로는 그가 공산주의자였기 때문인 듯하다.(프랑스인에 공산주의자이기까지 하다니!)

어렸을 때 우리는 대개 작품의 진의를 이해하지 못한 채로 책을 읽는다. 진의라고 생각하는 것도 사실은 허울에 불과하다. 사랑 이야기는 사랑하기 위한 준비 절차이고, 슬픈 이야기는 슬픔을 느끼는 길이고, 서사는 명예와 영광을 경험하는 수단이다. 삶도 마찬가지다. 우리는 하나의 허울에서 다른 허울로 바꿔 쓰는 대신에, 자신의 진면목을 이해하고 수용하는 법을 점차 배운다. 일련의 허울로 이루어진 삶은 내게 익숙하다. 참으로 오랜 세월 동안 나는 책에서 모든 답을 구할 수 있다고 믿었다. 그러나 책은 다른 책으로 이어질 뿐이다.

『장 크리스토프』는 타인들과 어울리며 세상에 적극 참여하려는 노력에 관한 이야기인데, 한때 이 소설이 내게 온 세상을 대신했다는 사실이 놀랍다. 지금의 나는 롤랑의 말을 믿기나 할까? 마침내 나는 책에서 답을 구할 수 없다는 사실을 인정했다.

> 나의 특성이 그림자처럼 뚜렷한 형태를 띠고 눈앞에 펼쳐지는 듯하다고 말했다. 그는 내 말을 이해했고,(그가 나를 이해

한다는 사실의 예시로 이 대화를 적어놓는다.) 자신이 이해했음을 이 말로 증명했다. 바람직하지 않은 현상이에요. 우리는 융해되어야 해요.

> — 캐서린 맨스필드와 마지막으로 나눈
> 대화를 기록한 버지니아 울프의 일기

버지니아 울프와 캐서린 맨스필드는 강렬하면서도 불편한 우정을 나누었는데, 서로 이해하는 경쟁자들에게서 자주 보이는 모습이다.

그림자처럼 형태를 띠고 눈앞에 나타나는 것은 특성이 아니라 유령이다. 우리는 융해되어야 해요. 맨스필드의 말에서 체호프의 메아리가 울린다. 맨스필드가 죽은 뒤에 울프는 맨스필드를 이렇게 비평했다. "인물들에게 감정이나 생각이나 미묘함을 주는 일에서, 그는 진지할 때는 곧바로 가혹해지고, 연민을 보일 때는 감상적이 되고야 말았다."

그[캐서린 맨스필드]는 삶을 깊이 느끼고 순수하게 사는 것에 관해 자주 이야기했는데, 물론 이런 말에도 비판의 여지가 많지만 하지 않겠다. 그나저나 나는 내 글을 어떻게 생각하는가? 이 소설—『디 아워스』라고 불리려나—을 말하고 있다. 도스토옙스키는 깊은 감정에서 우러나오는 글을 써야 한다고 했다. 나는 그렇게 하고 있을까? 아니면 글로 깊

은 감정을 꾸며내면서 그걸 즐기고 있을까? 아니, 그렇진 않은 듯하다. 이 소설에 어쩌면 너무 많은 주제를 넣었다. 삶과 죽음, 제정신과 광기를 포함하고 싶다. 사회 체제를 비판하고 사회 체제가 어떻게 작동하는지, 특히나 가장 극단적인 경우를 보이고 싶다. 하지만 지금 나는 허세를 부리고 있는지도… 나는 『디 아워스』를 깊은 감정으로 쓰고 있을까? 물론 광기에 관한 부분은 너무도 괴롭다. 정신적으로 너무 움츠러들어서, 다음 몇 주간 이 부분을 쓸 생각만 해도 겁이 난다… 그렇지만 나는 '현실성'이라는 재능을 지니지 못한 듯하다. 나는 현실을, 그 하찮음을 불신하기에, 어느 정도는 의도적으로 현실에서 거리를 둔다.

어쨌든 이것을 더 깊이 파고들어보자. 나는 진정한 현실을 담을 능력이 있을까? 아니면 나 자신을 주제로 에세이를 쓰고 있는 것일까? 이런 질문에 썩 자랑스럽지 않은 답이 떠오르더라도, 흥분감은 남아 있다.

- 맨스필드가 죽은 후 버지니아 울프의 일기
(이 일기는 나중에 『댈러웨이 부인』이라는 제목으로
출간된 책에 관한 내용이어서 많이 인용된다.)

울프는 편지나 일기에서 맨스필드를 수차례 언급한다. 예리한 통찰이나 공감이나 불공정한 비판이나 심지어 좀스러운 감정 등 색깔은 각기 다르지만 참 많이도 언급한다. 그러나 맨스필드의 일기에 버지니아 울프는 단 두 번 등장한다. 1920년 7월에 남긴

간략한 메모. "버지니아, 수요일 오후." 울프의 일기에 따르면 그날 두 사람은 점심 식사를 하며 조셉 콘래드의 최신작 『구출』에 관해 이야기했다. "나는 똑바로 보는 사람이라고, 입을 모아 찬사를 바치는 고분고분한 양떼 가운데 단 하나의 독립적인 목소리라고 지금도 믿는다." 울프의 기록.(훗날에 콘래드의 위치에 오른 울프가 그 위치를 즐겼을지 궁금하지 않을 수 없다.)

그다음에 울프가 맨스필드의 일기에 등장했을 때는 이름으로 언급되지 않고 "등나무 의자에 앉아 있는 출판업자 부부"로 불린다. 그 부부가 울프 부부라는 보장은 물론 없다. 맨스필드는 감정을 철저히 배제한 인물 묘사에 유독 뛰어났는데, 그 부부에 관한 묘사를 읽으면 울프 부부가 자연스레 떠오른다. 버지니아 울프를 향한 찬사로 와닿는 문장 하나가 눈에 띈다. "그는 그런 여자들 중 하나였다―이 모든 것에도 불구하고 여전히 존재하는 여자들."

무슨 뜻일까? 맨스필드의 속뜻은 크게 중요하지 않다. 맨스필드와 울프를 지켜보는 구경꾼의 묘한 만족감에는 영향을 끼치지 않는다. 이 특출난 두 여자는 사적인 시간에 상대가 자신을 어떻게 표현했는지(혹은 어떻게 표현하지 않았는지) 끝끝내 알지 못했고, 알지 못하기에 두 사람은 인물로 거듭난다. 타인의 삶에서 당사자들은 볼 수 없는 맥락을 발견하는 일. 끝에 가서 독자는 늘 이긴다. 독자는 인물들의 삶에 영원히 관여할 수 있다.

ᴼᴼᴼᴼ

아, 그 애가 나를 자기 책에 넣기는 했어요. 참 별난 상황에
만 넣었지만.

- 작가의 어머니

너희들이 다 크고 나니까 내가 팬케이크를 만들어 줄 사람
이 없구나.

- 친구의 어머니

 누구나 전지적 시점의 목소리를 빌려 타인의 이야기를 할 수
있다. 하지만 내가 도저히 못 견디는 전지적 목소리가 하나 있는
데, 바로 그 목소리가 다른 목소리들을 계속해서 뒤덮는다.
 글 쓰는 일, 내 삶에서 이 부분만은 어머니가 들려주는 이야기
들에 묻히지 않았다. 행여나 어머니의 전지적 목소리로 새로이
쓰일까봐 나는 자전적인 이야기를 피한다. 글 쓰는 일을 제외한
내 삶의 나머지는 전부 어머니의 이야기에서 쉽게 찾을 수 있다.
나의 결혼, 나의 아이들, 나의 과거. 어머니는 내 이야기에 들어
오려 하고, 나는 어머니의 이야기에서 빠져나가려 한다. 이 관계
는 바꿀 수 없다. 행복하게 끝나기는커녕 끝나지도 않는다.
 두 작가가 자기 어머니를 모시고 개최한 북토크에서 나는 편
안히 한 자리를 공유할 수 있는 그들을 부러워했다. 그들에게 하
고 싶은 질문이 많았다. 자기 자식의 글을 읽는 기분은 어떤지,

그들의 글에 등장하는 기분은 어떤지. 하지만 내가 정말 알고 싶었던 것. 아이들에게 어떤 음식을 해주나요?

내가 기억하기로 어머니는 우리에게 밥을 해준 적이 없다. 이런 이야기는 어떤 목소리로도 제대로 할 수 없다.

> 아랍의 수말처럼 정열적인 젊은이를 생각해보라. 결혼은 그를 끝장낼 터이다. 처음에 여자는 거만하고, 그다음에 여자는 연약하고, 그다음에 여자는 기절하고, 그러면 그도 기절하고, 마침내 온 가족이 기절한다.
>
> — 키르케고르, 『이것이냐 저것이냐』

아이들을 학교에서 데리고 오려고 기다리면서 키르케고르를 읽었다. 가까운 곳에 차를 주차해놓고 시동을 켜놓은 채로 자기 아이를 기다리고 있는 다른 어머니를 불러 이 구절을 보여주고 싶었다. 하지만 독서는 사적인 자유다. 시간이나 공간에 구속되어 있지 않다.

> 묘비에 새겨진 이름을 보면 그 사람의 삶이 궁금해진다. 무덤을 파헤치고 들어가 그와 이야기를 나누고 싶은 바람이 솟는다.
>
> — 키르케고르, 『이것이냐 저것이냐』

글을 쓰면 책을 읽을 때처럼 자유를 맛볼 수 있다는 생각은 허상이다. 결국에 사람들은 작가에게 무언가를 기대한다. 의리를 요구하는 사람도 있고, 인물로 거듭나 불멸의 삶을 얻기를 원하는 사람도 있다. 묘비에 새겨진 이름들만이 침묵을 지킨다.

> 이 책에 실린 이야기들은 가을처럼 울적하고 지루합니다. 어조는 단조롭고, 예술적 요소가 의학적인 요소와 떼려야 뗄 수 없게 얽혀 있습니다. 이 모든 결함을 알면서도 저는 이 보잘것없는 책을 당신에게 바칠 수 있게 해달라고 감히 청합니다.
>
> — 안톤 체호프가 표트르 차이콥스키에게

1889년 10월에 아직 서른 살도 채 되지 않은 새내기 작가 체호프가 차이콥스키에게 편지를 써서 곧 출간될 단편소설 모음집을 헌사했다. 책의 제목은 『우울한 사람들』이었다.

어떤 상황에서 독자와 작가가 같은 시간의 범주에 존재할 수 있을까? 체호프는 책을 차이콥스키에게 헌정함으로써 시간의 분리를 지우고자 했다. 타인의 이름을 자기 글 속에 영영 새겨 넣으려고 시간의 경계를 넘었다. 부적절하게 느껴질 정도로 당돌하지만, 그런 특출함은 양해받는다. 우정은 사후에 나눌 수 없다.

윌리엄 트레버를 읽기

 돌이켜보면 잘 이해가 되지 않는다―모든 이야기가 옛날 옛적에 대신 이렇게 시작하는 편이 낫지 않을까.

 데뷔작을 출간하고 얼마 후에 나는 윌리엄 트레버에게 감사 편지를 보내달라고 아일랜드인 친구 편에 부탁했다. 꼭 보내야 한다고 느꼈다. 트레버의 이야기 없이는 나의 이야기도 쓰이지 않았을 테니까. 또한 그것이 예의라고 생각했다. 그래서 짧고 정중한 편지를 썼다. 몇 달 후에 상냥한 답장이 왔다. 나는 편지를 액자에 넣어 서재에 걸었다. 나답지 않은 행동이다. 물건에 의미를 부여하는 일은 애착을 전제로 한다. 영감을 받으려고 걸어놓은 거야, 나는 스스로에게 일렀다. 내가 선망하는 사람에게서 영감을 받으려고.

 이야기는 여기서 끝났을 수도 있었다. 나는 투르게네프와 하디의 글을 읽듯이 계속해서 트레버의 글을 읽었을 것이다. 멀찍이서 읽었을 터인데, 거리낌 없는 관계를 맺으려면 거리가 필요하기 때문이다. 그러나 투르게네프나 하디는 나에게 편지를 써서 언젠가 직접 만나자고 제안할 수 없었다.

이듬해 11월, 런던에 행사 일정이 잡힌 나는 트레버에게 편지를 보내 내가 찾아가도 되는지 물었다. 지금 돌이켜보면 내가 그런 부탁을 했다는 사실이 믿기지 않는다. 트레버는 사생활을 보호하는 작가 중 한 명이고, 나는 쉽게 그 사실을 간파할 수 있었다. 누가 내게 그런 부탁을 했다면 나는 부적절하다고 생각하며 흠칫했을 터이다.

고립을 피하려고 노력하다보면 신경이 곤두선다. 세상에서 자취를 감춘다는 생각은 내게 비상구와도 같았는데, 병원에서 퇴원할 때 나는 그 생각을 내려놓기로 동의했던 것이다. 한때는 사람들이 얼마나 쉽게 사라질 수 있었던가. 국경을 건너고 이름을 바꾸고 증거를 파괴하고 인연을 끊어내고. 미스 하비샴이나 로체스터 부인이 가뭇없이 사라졌다는 사실에 아무도 주의를 기울이지 않는 듯하다. 진 스태포드의 소설 속 아버지는 구두 수선공의 작업실에서 걸어나간 뒤로 다시는 나타나지 않는다. 『홍루몽』이나 『겐지 이야기』에 등장하는 여성들은 실연을 당하거나 버림을 받거나 수모를 겪거나 환상에서 깨어나면 절에 들어가 승려가 되고, 그들의 삶이 끝나기도 전에 그들의 이야기는 끝난다. 나의 삼촌, 즉 어머니의 큰오빠는 공산군이 국민당 군대를 상대로 승리를 거둔 날의 전야에 실종되었다. 당시에 어머니의 본가에서는 고아 여자아이를 딸 반 하녀 반으로 키우며 삼촌의 신붓감으로 정해놓았었는데, 결국 그 여자아이는 다른 남자에게 시집을 보내야 했다. 난쉰구의 숙모, 우리는 그를 그렇게 불렀다. 지역명으로 불린 친척은 그뿐이었다. 사진첩에는 숙모가 매해 나의 할아버지에게 보낸 가족사진들이 있다. 사진첩을 넘길 때마다 숙모의 빼어난 미모를 물려받은 아이들이 무럭무럭 자라난다. 난쉰구의 숙모는 입에 담을 수 없는 사정 때문에 자주 입에 올랐다. 어머니의 본가 친척들은 낙관적인 날에는 삼촌이 타이완에서 살고 있다고 추정했고, 낙관을 고집할 수 없는 날에는 그가 전쟁에서 죽었다고 추정했다.(나는 어머니와 이모의 이야기를 엿듣다가 삼촌의 존재와 그의 운명을 알게 되었다.) 어리석게도 나는 삼촌 이야기를 학교 친구에게 들려주었고, 그 아이는 이러이러한 나의 삼촌이 타이완에 있을지도 모른다고 쪽지에 적어 교사에게 고발했다. 그 쪽지는 나의 어머니의 손에 들어왔다. 마침 어머니의 동료였던 그 교사가 우리 가족에게 해가 될지도 모르는 비밀이 알려지지 않게 배려한 것이었는데, 나는 그 교사에게 고마워할 수도, 그 친구를 용서할 수도 없었다.(그들 탓에 내가 매질을 당했으니까.)

사십 년이라는 세월이 흐른 뒤에 큰삼촌은 사라졌을 때처럼 홀연히 나타났다. 일 년 넘게 여러 손을 거치고 거친 끝에 긴 편지 한 통이 할아버지에게 도착했다. 살날이 몇 달 남지 않았던 할아버지는 잃어버린 아들과 상봉하고 싶어했으나, 타이완 해협 횡단을 금지하는 법은 그 시점에서 이 년 후에나 폐지될 것이었다.

모든 것이 연결된 요즘 세상에서 사생활과 홀로 있을 권리는 헛된 소망에 지나지 않는다. 내 영주권 신청이 기각되었을 때 그 사건이 기사에 실렸는데, 닥터 S라는 사람이 자꾸만 내 직장에 전화해서 영주권을 받게 해줄 테니 자기와 결혼하자고 말했다. 어떤 칵테일파티에서는 내가 말끔히 정돈된 정원에 들어선 순간 한 여자가 다가와서 말했다. 이걸 당신이 알았으면 좋겠어요. 우리 어머니가 당신만큼 성공을 거두었다면 자살하지 않았을 거예요. 이스트서식스에서 열린 축제가 끝난 뒤에 한 남자가 트레버에게 다가와 자기가 차를 한잔하러 집에 방문해도 되느냐고 물으며, 트레버의 집을 정확하고 세세하게 묘사했다.

트레버는 나의 담당 출판업자와 호텔에 쪽지를 보내, 나더러 런던에 도착하면 자기에게 연락해달라고 청했다. 그리고 만날 약속이 잡혔다. 트레버는 자신이 사는 도시인 데번이 아니라 양측 모두 기차로 수월히 갈 수 있는 배스에서 만나자고 제안했다. 나를 배려한 제안이었지만, 낯선 사람과 만나기에 배스가 그에게 더 안전한 곳이라는 사실 또한 나는 인지했다. 내가 트레버의 소설 속 인물 같은 사람일 수도 있지 않은가. 조용하고 별 특징

없지만, 이해할 수 없는 악의로 똘똘 뭉친 사람. 의심과 모진 상상으로 스스로를 낱낱이 분석하는 사람이 믿음직할 수 있을까?

그런데 결국에 나는 배스로 갈 수 없었다. 그날 홍보 스케줄에서 도저히 짬을 낼 수 없었다. 나는 실망하면서도 한편으로는 안심했다. 외적 요소가 훼방을 놓은 덕에 내적 갈등이 해소되었다. 트레버를 실제로 만날지도 모른다는 두려움은 그를 만나고 싶은 바람 못지않게 강했다. 머릿속에 들끓는 불안감을 떨쳐낼 수 없었다. 네가 무엇이라고? 무슨 근거로 네가 무해하다고 자신해?

나는 트레버도 안심하기를 바라며 그에게 전화했다. 우리는 날씨를 주제로 잠시 이야기했다. 런던에는 비가 내리고 있었고 데번에도 비가 내리고 있었다. 트레버는 또 기회가 있으리라고, 이듬해에 아내와 미국에 갈 예정이라고 말했다. 배를 타고 갑니다, 그는 말했다. 배를 타면 훨씬 즐겁게 여행할 수 있다고 장담합니다.

2015년 7월. 나와 남편은 미국 시민권을 따고 처음으로 중국에 갔다. 남편의 고향인 바이산시에 머물렀는데, 어느 날 어머니가 전화해서 그날 아침에 삼촌이 죽었다고 알렸다.

그보다 수년 전에 나는 바이산시에 관해 아무것도 모르는 채로 그 도시를 소설의 배경으로 삼았다. 흰 산이라는 뜻의 바이산시로 이름이 바뀌기 전에는, 도시를 가로지르는 강의 이름을 따서 훈장시라고 불렸다. 혼탁한 강이라는 뜻의 이름이 도시 발전에 방해가 된다며 1990년대에 시에서 이름을 바꿨다. 나는 소설가답게 기회를 덥석 물어, 버려진 이름인 훈장시를 소설에 사용했다. 남편은 1970년대 고향의 모습을 지도로 그려주었고, 지도 속에서 나는 사람들의 발자취를 좇았다.

실제 바이산시에 들어선 나는 소설 속 장소들을 알아보았다. 두 인물이 처음으로 만나는 다리, 사람을 쉽게 믿는 개가 독살당해 죽는 산기슭, 살기등등한 청소 노동자가 일하는 전력 공장의 냉각 탑. 이름에 걸맞게 혼탁한 강물이 지난 며칠간 내린 비에 불어나 세차게 흘렀다. 내가 소설을 쓰면서 미처 상상하지 못한 도시의 특징이나 사람들이 눈에 띨지 궁금했다. 끝내 발견하지 못했고, 나는 실망했다. 내 상상력에 한계가 있다는 사실은 속상하지 않다. 그러나 세상이 나의 상상을 뛰어넘지 못할 때는 속상하다.

삼촌의 부고를 알리는 전화가 오기 전에 나는 맥이 빠져 있었다. 제발, 내 눈에 명령했다. 뜻밖의 광경을 하나만 찾아. 그러나 중국은 모든 점에서 내가 예상한 대로인 듯했다. 택시 기사들은 이십 년 전 정치적 농담을 했다. 행인들은 막무가내로 밀고 지나가며 나의 인내심을 시험했다. 삽시간에 돌아온 공격적인 태도로 나는 새치기하는 사람들을 밀치고 무례한 비속어를 쏟아냈다. 서구 출신의 관광객인 나의 아이들은 공공 안내문과 표지판의 엉망진창 영어를 보고 계속해서 놀라며 재미있어했지만, 나는 철 지난 농담을 들은 양 아무런 감흥을 느끼지 못했다. 내가 보고 실소를 터뜨린 문구가 딱 하나 있다. 베이징 국제공항의 전자 게시판 광고에서 한 여성이 사람들에게 삶을 즐기라고 격려했다. "당신 눈앞에 펼쳐진 멋진 삶을 보세요." 여자는 중국어로 말했다. 그런데 영어 번역에서는 여성의 말이 자못 회의적으로 (혹은 반어적으로) 들렸다. *This wonderful life lies as you see it.*

나는 아일랜드의 기숙사를 배경으로 한 〈전통〉이라는 단편소설로 윌리엄 트레버를 처음 접했다. 이 이야기는 〈뉴요커〉에 실려 있었고, 어두운색 양복을 입은 젊은 학자들의 사진이 곁들여져 있었다. 단편소설 속의 세계는 나의 세계와 매우 달랐다. 그때 나는 대학원에서 과학을 전공하며 학업을 중단할지 말지 고민하고 있었다. 내 삶이 어떻게 흘러갈지 뻔히 보인다는 사실이 문제였다. 일 년 안에 학위를 따고, 그다음 몇 년간 박사 후 연구원 과정을 밟고, 학계나 생체 의학계에서 안정적인 일자리를 찾고, 집을 사고 아이를 낳는다. 개를 키울 텐데, 말끔하게 정돈된 뜰에서 개가 뛰어노는 풍경이야말로 미국 삶의 정점으로 뇌리에 각인되어 있었기 때문이다.

나는 당시에 트레버의 최신작이었던 단편소설 모음집 『언덕의 독신자들』을 빌렸다. 도서관에서 그 책을 읽고 난 뒤에 눈발을 헤치며 터벅터벅 학생 회관으로 걸어갔다. 매일 밤 소수의 관객이 찾는 외국 영화를 상영하는 영화관 옆 녹색 소파에 앉았다. 기억의 세부 사항들은 본인에게만 중요하게 느껴질 뿐 객관적으로는 특별하지 않을 수 있지만, 바로 그 평범함이 끝까지 신비롭게 남는다.

첫 만남에서 통했다는 주장은 주제넘다고 할 수 있을 터이다. 그러나 트레버의 글을 읽으며 내가 그때껏 알지 못했던 공간을 발견했다는 말은 주제넘지 않으리라. 『언덕의 독신자들』을 다 읽은 뒤에 그의 다른 작품들을 읽었다. 그리고 몇 주 뒤에 나는 고문 교수를 만나 과학을 그만두는 일을 논의했다. 여기 남아요, 교수는 조언했다. 미국에서 앞날이 창창해요. 네, 나는 말했다. 하지만 그 미래의 끝이 벌써 보여요. 이것을 시도하지 않으면 난 후회할 거예요.

이것이라고 내가 칭한 일은 바로 작가가 되는 것. 글을 쓰는 일은 곧 세상을 보는 새로운 방법을 찾는 일이고, 트레버의 글을 읽노라면 나도 그와 같은 방식으로 세상을 보고 싶다는 바람이 치솟았다.

트레버가 미국에 오기 몇 달 전부터 우리는 서신을 주고받으며 만날 날짜를 정했다. 2007년 10월, 나는 트레버와 점심 식사를 하기 위해 캘리포니아에서 심야 비행기를 타고 보스턴으로 갔다. 그날 저녁에 바로 돌아와야 했기 때문에 내게 주어진 시간은 세 시간뿐이었다.

그날 식사 자리에서 우리는 많은 이야기를 나누었다. 바로 전해에 트레버가 아내 제인과 함께 자신들의 묘비에 비명을 새길 글씨 조각가를 만나러 다녀온 여행. 수십 년 전에 트레버 자신이 글씨 조각가가 될 생각을 품고 아버지와 나눈 대화. 고인과 유족의 바람을 무시하고 종교 음악을 연주한 장례식. 그레이엄 그린과 나눈 대화. V. S. 프리쳇과 나눈 대화. 몰리 킨의 작품에 관한 설명과 그가 묻혀 있는 묘지. 나는 다음해에 그 묘지를 찾아간다. 한창 이야기를 나누는 중에 오렌지색 블라우스를 입고 식당의 야외 자리 앞을 걸어가는 여성이 트레버의 관심을 끌었다. 방금 저 여자에게서 설명할 수 없는 무언가가 느껴졌어요. 이런 순간들은 그냥 지나가기도 하죠. 트레버는 말했다. 하지만 그러지 않을 때가 더 많은 듯해요.

식사를 마친 뒤에 트레버는 자신이 머무는 호텔 근처에서 전시 중인 헨리 무어의 작품을 보여주었다. 나는 트레버를 좇았다. 아니, 나의 눈이 트레버의 시선을 불안하게 좇았다. 단풍이 든 나무들에 둘러싸인 채로 뉴잉글랜드의 눈부신 10월 햇빛을 받고 있는 황동 조각상을 묘사할 수 있겠지만 진부하기만 하리라. 솔직히 말하면, 나는 내가 무엇을 봐야 하는지 알지 못했다.

ooooo

미술관이나 갤러리나 영화관에서 나는 똑같은 불안감을 거듭 마주한다. 한 친구는 내가 국화꽃을 묘사한 문장이 어색하다고 지적했다. 나쁘지 않아, 나는 주장했다. 내가 모든 단어를 정확히 사용했다고 확신하면서. 문장이 별로라는 뜻이 아니야, 친구는 말했다. 하지만 꽃을 보고 쓴 글이 아니라, 꽃을 본 적도 없는 사람이 꽃을 상상해서 쓴 것 같아.

보는 기술, 보는 대상이 회화이건 조각상이건 영화이건, 나는 무엇을 봐야 하는지 통 모른다. 트레버의 중편소설 『알렉산드라에서 보낸 밤들』에서는 아일랜드의 시골 마을 영화관을 무대로 사랑과 의리의 이야기가 펼쳐진다. 트레버의 회고록에서 젊은이들은 영화관에서 매일같이 빈둥거리며 화면 속의 근사한 이야기로 자신들의 따분한 삶을 채우려 한다.

나는 영화에 매력을 느낀 적이 없다. 1970년대와 1980년대 초반에 노동자 클럽이라고 불린 베이징의 영화관들은 천 명이 넘는 관객을 받을 수 있었고 재미는 별로 주지 않았다. 시아누크 왕과 그의 전우 폴 포트 장군의 이야기가 되풀이되었고, 대개 학교 수업을 위해 의무적으로 봐야 했던 영화들보다는 근처의 관객들이 더 나의 관심을 끌었다. 해바라기씨를 아작아작 씹는 여자, 머그잔의 차를 후루룩후루룩 마시는 남자. 가끔씩 관객 중 한 명이 영화 중에 호출을 받았다. 아무개 전우가 급무로 만나기를 청한다는 내용의 손 글씨 메시지가 프로젝트로 투사되어 화면 옆의 기둥에 나타났다. 영화의 흐름을 끊는 이 메시지들은 답을 끝내 알 수 없는 수수께끼 같았다. 나는 호기심을 해소하려고 이런저런 사연을 상상했다. 내 이름도 기둥에 나타나기를 바랐다.

군대에서 나는 군인들의 기상을 북돋는다는 명분으로 매주 기획한 영화 상영 시간을 제일 싫어했다. 그 시간에 누가 더 오래 잘 수 있는지 옆자리 여자아이와 경쟁했는데, 내가 주로 이겼다. 하지만 나보다 더 대단한 아이가 있었으니, 다른 분대 소속인 그 아이는 완벽한 차렷 자세로 꿈나라로 갈 수 있었다.

오후에 꾸벅꾸벅 조는 아이들에게 나는 동지애를 느꼈다. 야간 소등이 끝나고 기상나팔이 울리기까지 창고나 화장실에 숨어서 영단어를 외우는 아이들이었다. 야밤의 떠돌이들은 또 있었다. 어떤 여자아이는 어둠 속에서 흐느끼다가 발각되어 나중에 집으로 보내졌다. 나와 이층 침대를 공유하던 아이는 중국 최고의 젊은 수학자라고 명성이 대단했는데, 밤에 화장실에 가는 중에 어떤 여자아이에게 붙잡혔다. 그 여자아이는 유명한 수학 문제를 풀려고 소등한 뒤에 몇 시간이나 끙끙대다 도저히 혼자 풀 수 없어 도움을 청한 것이었다. 미쳤네. 누군가 말했지만 그런 집념은 존중받아 마땅하다. 우리 분대의 한 왜소한 여자아이는 자기 고향 마을 이야기를 해주며 우리를 웃겼다. 그곳에서는 여자들이 제초제 따위 농약을 먹고 사과나무에서 사과가 떨어지듯이 뚝뚝―그 아이의 표현이다―죽어나간다고 했다. 그 여자아이는 영혼의 짝을 군인들 가운데 찾고 싶어하는 젊은 여자들의 광고문을 잡지에서 표시해놓았다. 속물들, 그 아이는 여자들을 그렇게 평가했다. 군인 한 명 잡아서 편하게 살겠다는 속셈이지. 나는 과연 그런 이유뿐일까 갸우뚱했지만―내 말을 믿어, 그 아이는 말했다. 나는 살면서 이런 사람들을 잘 알게 됐어―결국에는 그 아이에게 설득당해 여자들의 광고문에 답장을 썼다. 남자의 이름과 계급을 지어내고, 군대 생활에 관한 풍부한 지식을 활용하여 이야기를 꾸며낸 뒤에 군부에서 발행하는 봉투에 넣었다. 그리고 답장이 우리가 만들어낸 가상의 군인에게 오게 주소를 적었다. 며칠, 몇 주를 기다렸다. 러브레터는 끝내 오지 않았다.

삼촌의 부고를 알린 통화에서 어머니는 삼촌이 말년에 성격이 난폭해져 아이들과 손주들을 때렸다고 했다. 네 사촌들은 치매라고 하던데, 어머니는 말했다. 진짜로 정신이 이상해져서 그랬을까?

어머니가 정신 질환이나 자살을 이야기하는 방식을 듣고 있자면 나는 불안해진다. 내가 베이징에 도착한 날에 어머니는 자기 초등학교 동창의 아버지가 죽었다고 말했다. 아내가 장을 보러 간 사이에 그는 은행 계좌와 비밀번호, 치러야 하는 청구서와 이미 처리한 청구서를 질서정연하게 정리해놓고 목매달았다. 그 아저씨 기억나니? 어머니는 물었다. 네, 나는 답했다. 은퇴자 합창단에서 열심히 활동했었어. 훌륭한 테너였어. 어머니는 말했다. 행복해 보였는데, 왜 그랬을까? 내가 대답하지 못하자 뒤이어 어머니는 우리 예전 이웃인 샤오 부인이 죽었다고 자기가 말해준 적이 있느냐고 물었다. 네, 나는 답했다. 그런데도 어머니는 또 이야기해주었다. 샤오 부인은 그 전해에 아파트 팔층에서 뛰어내렸다. 샤오 부인은 정중하고 조용했다. 대부분 여자들이 회색과 파란색이 섞인 마오 재킷을 입던 시대에 그는 우아하게 차려입었다. 샤오 부인은 나의 어린 시절 기억 속에서 가장 품위 있는 사람 중 한 명이었다. 그는 동네 사람들의 가십에 끼지 않았고(그리하여 자신이 가십의 대상이 되었다) 나나 다른 동네 어린이들에게 간섭하지 않았다.

내가 어렸을 때 우리 가족은 단 한 번도 가족 여행을 하지 않았다. 내가 일곱 살이었던 여름에 베이징에서 기차로 네 시간 거리에 살던 삼촌이 나와 언니를 자기네 집에 데려갔는데, 그때 나는 난생처음 기차를 타봤고 난생처음 다른 도시에 가봤다. 어쩌면 삼촌이 죽었다는 소식이 나의 기억을 물들였을지도 모르지만, 삼촌네 집에서 머문 두 주가 나의 어린 시절에서 가장 행복한 시간이었던 듯하다. 지금에 와서 돌이켜보면 그 여름이 삼촌네 가족에게는 몹시 힘든 시기였다. 우리 사촌들 가운데 가장 연상인 사촌오빠가 대학 입시를 보고 그 지역에서 세 번째로 높은 성적을 받았는데, 소아마비로 인한 장애가 있다는 이유로 대학에서 받아주지 않았다. 오빠는 조용한 사람이었다. 그래도 그는 책임감 투철한 파티 주최자처럼, 나와 언니를 포함한 사촌동생 네 명을 농업용으로 개조한 이십팔 인치 자전거에 태우고 동네 구경을 시켜주었다. 자전거를 타고 소도시를 가로지르면서 나와 언니와 사촌들은 마치 체조 선수단이라도 되는 양 행인들에게 손을 흔들어 인사했다.

매일 저녁에 삼촌은 풍금을 몇 시간이고 연주했다. 나는 삼촌의 음악을 이해하지는 못했지만 오르내리는 페달에서 눈을 뗄 수 없었다.

내가 고등학생이었을 때, 삼촌은 조카딸 세 명에게 편지를 보내 자신의 슬픔을 하소연했다. 삼촌이 여섯 살이었을 때 일본군이 삼촌의 고향을 공격했는데, 가족이 삼촌만 빼놓고 피난을 갔다고 했다.(아니야, 어머니와 이모는 부정했다. 그때 네 삼촌이 하인의 아들이랑 놀다가 안 가겠다고 떼를 써서 며칠만 할아버지네 집에 맡겨둔 것이었는데, 얼마 뒤에 할아버지가 일본인들에게 죽임을 당하는 바람에 며칠이 몇 달이 된 거야.) 편지에서 삼촌은 자기가 부모의 돌봄을 받지 못해서 십 대에 등 떠밀리듯 입대했다고 말했다.(아니야. 어머니와 이모는 부정하며, 삼촌이 당시에 독립군 장교였던 큰삼촌의 도움으로 사관생도로 들어갔다고 말했다.) 형제는 내전에서 마오쩌둥의 군대에 맞서 싸웠다. 패배한 뒤에 큰삼촌은 타이완 해협을 건넜는데, 배를 놓친 삼촌은 정신 개조라는 명목 아래 공장으로 보내졌다. 결국에 삼촌은 초등학교 음악 교사가 되었다. 우리에게 편지를 보냈을 즈음에 삼촌은 불공정한 세상에 한을 품을 이유가 더 많아졌다. 타이완에 간 큰형은 크게 성공했고,(삼촌은 자기도 중국을 떠났으면 잘살 수 있었으리라고 믿었다.) 아들은 소아마비 때문에 결혼하기가 어려웠으며, 외동딸은 사산을 경험했다. 인생은 실망에 실망을 거듭 안겨주었다. 누구 한 명 그를 이해하려고 노력이나 했나? 어머니와 이모는 이 질문을 보고 격분했다. 두 사람은 예전에 제정신을 잃은 많은 사람들처럼 삼촌도 미쳤다고 결론을 내렸다. 미치지 않았으면 왜 그렇게 사실이 아닌 말들을 지껄이겠어? 자기 불행을 물려받을 애가 벌써 셋이나 있지 않아?

인터뷰에서 트레버는 "호기심과 당혹감"에 떠밀려 글을 쓴다고 밝혔다. 이해하기 힘든 일들에는 주의를 기울여야 한다. 삼촌은 어떤 충동에 떠밀려 그런 편지를 썼을까? 어머니가 타인의 자살 소식으로 대화를 시작하는 이유는, 자살을 흥미롭게 여겨서일까 아니면 그 사람들을 기억할 사명을 느껴서일까? 그것이 나와는 무관하다는 듯이 냉정하게 반응하는 나는 이기적인가? 트레버는 왜 나를 만나주었을까? 우리의 만남은 왜 단순히 감사

인사를 주고받는 정중한 자리로 끝나지 않았을까? 너무 늦지 않게 나를 만나러 와요, 트레버는 권유하고 내게 보여주고 싶은 정원을 묘사했다. 전철역의 에스컬레이터에서 내 뒤에 있던 남자가 나의 시선을 따라 뒤돌아보고, 트레버 그리고 우리와 나중에 합류한 제인을 보았다. 두 사람은 내가 시야에서 사라질 때까지 손을 흔들어주었다. 작별 인사군요? 남자는 물었다. 나는 과연 작별 인사라고 대답했다. 그 뒤로 여러 해에 걸쳐 우리는 더 많은 작별 인사를 나누었다. 엑서터 기차역, 런던빅토리아역, 데번의 식당에 딸린 볕 밝은 정원. 작별 인사를 할 때마다 입 밖에 내지 않은 질문. 우리가 다시 만날 수 있을까요?

타인이 내 삶에서 사라질 때를 철저히 대비해야만 그들의 존재를 편히 받아들일 수 있다. 은둔자들이 타인과 연결될 수 없거나 인간관계를 무의미하게 여기는 사람들이 아니라는 사실을 이제 나는 이해한다. 단지 그들에게는 그 연결이 고통스럽거나, 심지어 더 위험한 경우에는 그것에 중독이 되기에 사람들에게서 거리를 두는 것이다. 트레버를 만나기 전에는 타인과 작별하며 이런 질문을 떠올리지 않았다. 우리가 다시 만날 수 있을까요? 이 질문을 저지한 생각. *우리는 어쩌면 다시는 만나지 못하겠지요. 그렇다면 지금으로서는 안녕히, 그리고 영원히 안녕히.*

책을 끝낸 뒤에도 인물들을 생각하시나요? 그다음에 만났을 때 나는 물었다. 기차역에서 만나 트레버의 차를 타고 그의 집으로 가는 길이었다.

네, 트레버는 말했다. 책을 다시 읽지는 않지만 인물들은 기억해요. 그들을 생각하면 아직도 가슴이 먹먹할 때가 있어요. 당신은요?

저도 작가님의 인물들을 기억하고 가슴 아파해요. 나는 말했다.

트레버는 고개를 돌려 나를 보았다. 아뇨. 내 말은, 당신의 인물들을 생각하나요? 그들을 생각하고 가슴 아파하나요?

사실은 처음부터 질문을 제대로 알아들었지만, 이미 떠난 인물들이 계속해서 나를 인질처럼 붙잡고 있다고 인정하기가 겸연쩍었다.

봄이 오기 직전이었다. 2월이었지만 따뜻하고 화창했고, 정원의 꽃들은 일찌감치 꽃망울을 터뜨렸다. 점심 식사 자리에서 트레버는 내가 밖을 내다볼 수 있게 창문을 면한 테이블의 측면에 내 자리를 마련해주었다. 그러고는 자기 자리에 앉았다가 다시 일어나서 커튼을 아주 살짝 내렸다. 이렇게 하면, 트레버는 말했다. 정원을 볼 때 눈이 부시지 않을 거예요.

이따금 사람들은 트레버를 어떤 작품으로 시작하면 좋겠느냐고 내게 묻는다. 트레버의 글을 두고 무슨 말이라도 할 때 나는 기억을 말하는 것이고, 그 기억은 영어로 이루어져 있으며 정확한 시작점이 있다. 〈조율사의 아내들〉. 이 이야기 속 인물들은 자신에게 가능하리라 상상도 못 한 잔인한 행동을 하는데, 그런 인간의 모습이 익숙하다고 해서 그것을 보는 고통이 덜하지는 않다. 〈투르게네프를 읽다〉. 펜실베이니아주에서 어떤 시인이 달빛에 젖은 시골을 차로 구경시켜주며 〈투르게네프를 읽다〉에 바치는 오마주로, 같은 제목의 시를 쓰고 있다고 말했다. 『알렉산드라에서 보낸 밤들』. 나는 이 책을 자주 지니고 다닌다. 한번은 뉴욕 여행 중에 전철에서 중년 여성과 아이를 보았다. 열세 살이 채 안 된 듯한 아이는 여자의 어깨에 머리를 기대고 있었고, 여자는 아이의 허벅지 안쪽을 어루만졌다. 두 사람이 모녀인지 연인인지는 알 수 없었다. 끝내 알 수 없으리라는 사실이, 두 가능성 못지않게 나의 마음을 어지럽혔다. 그날 저녁에 호텔에서 나는 새롭게 중편소설을 시작하며 도입부를 썼다. 서술자는 베이징에 홀로 사는 중년 여성인데, 트레버의 중편소설 속 서술자인 아일랜드의 시골 마을 노총각과 같은 문장으로 자기 이야기를 시작한다. 고립된 채로 사는 사람은 고독해서가 아니라 외로워서 말을 한다. 트레버의 서술자가 세상에 말하기로 결심한 덕분에 나의 서술자도 말할 수 있었다.

『타인들의 세상』, 『운명의 꼭두각시』, 『엘리자베스 홀로』, 『루시 골트 이야기』를 비롯한 트레버의 수많은 작품은 나에게 쉼터나 다름없다. 그 이유를 설명하려는 시도조차 일종의 침범일 것이다. 그 공간을 창조한 트레버의 사적인 세계와 나의 사적인 세계에 침범하는 일이다. 글 속에서나 실제 삶에서나, 종종 우리는 공유하지 않은 기억들에 의지하여 살아간다.

트레버는 자기 삶의 마지막 낭독회를 마친 뒤에―나는 그 행사에 참석하러 잉글랜드에 갔다―사인 받는 줄 맨 끝에 서 있던 노인에 관해 나와 제인에게 이야기해주었다. 노인은 트레버의 사인을 받으러 온 것이 아니었다. 고맙다고 인사하러 왔다. 그의 아내는 트레버의 소설을 무척 좋아했었다. 아내가 중병이 들었을 때 그는 아내의 병상맡에서 트레버의 책을 읽어주었고, 아내는 그가 읽어주는 트레버의 소설을 들으며 눈을 감았다.

수년이 흐른 뒤에 나도 죽어가는 독자의 눈으로 자기 글을 이해하는 일이 어떤 의미인지 알게 되었다. 캐나다의 한 여자가 내게 편지를 보내, 자신이 절대 잊지 않고 싶은 문장들을 손꼽으며 그 문장들이 포함된 챕터와 페이지를 알려주었다. 여자는 뇌가 방사선에 손상을 입은 탓에 집중하지 못하고 자꾸만 잠이 든다고 했다. 고립된 기분이지만 억지로 사람들을 만나고 싶지는 않다고 했다. "이것을 오랫동안 고려했는데 이제 답을 찾은 듯해요." 여자가 나의 문장을 두고 말했다. "앞으로 다시는 잠을 자지 않을지도요."

그 문장을 쓴 순간이 기억났다. 죽음을 탈출구로 삼는다는 생각을 변호하는 데 정신이 팔려, 나는 경계선을 침범해 내 이야기를 소설에서 하고 말았다. 그에게 사랑은 반드시 노력으로 측정할 수 있어야 했다. 그가 언젠가 받아들여야 할 실패도 노력으로 측정할 수 있는 것일 터이다.

며칠 전에 트레버의 편지들을 찾아 읽었다. 그 편지들을 이 책에 포함할 방법이 있으면 좋을 텐데. 그러나 다른 한편으로는, 이 책에 실은 다른 두 친구처럼 트레버를 익명으로 남겨놓고 싶기도 하다.

아기가 며칠이나 됐어요? 오래전에 병원의 보호자실에서 내가 사용할 쪽에 짐을 푸는데, 나와 같은 방을 배정받은 여자아이가 물었다. 사흘 됐어요. 나는 말했다. 출산하고 아기를 집으로 데려갔을 때 아기가 열나기 시작해 다시 입원시켜야 했었다. 당신 아기는요? 어제 한 달 됐어요. 여자아이는 말했다. 몸무게가 오 파운드가 되기를 기다리고 있어요. 고등학생이었던 여자아이는 간호사가 수유하라고 부르지 않을 때는 침대에 앉아서 공부했다. 학교가 끝나는 시간에 또래 남자아이가 왔고, 두 사람은 좁은 침대에 붙어 앉아서 속닥거리고 키득거렸다. 이틀 후에 쌍둥이빌딩이 붕괴했다. 나는 뉴스를 보고 격리실에 있는 아기를 보며 하루를 보냈다. 저녁에 방에 돌아오니 두 사람이 텔레비전

채널을 카툰 네트워크로 바꿔놓고는 낮은 소리로 〈톰과 제리〉를 보고 있었다.

데번에 처음 가는 여행에서 기차 옆자리에 앉은 젊은 여자가 자신이 훗날에 조부모에게서 물려받을 하숙집에 관해 이야기했다. 자기 남자친구가 그곳에서 일자리를 얻기를 바란다고 했다. 나는 오래전 그 병원의 연인처럼 여자와 여자의 남자친구가 하숙집의 조부모 뒤에서 속닥거리고 키득거리는 모습을 그려보았다. 타인을 위한 희망은 더 자연스레 솟는다. 아이오와의 그 아기는 이제 십 대가 되었을 텐데, 여전히 서로 사랑하는 부모와 살고 있을지도 모른다. 기차 옆자리의 젊은 여성과 그의 남자친구는 하숙집에 자리를 잡았을지도.

몇 년 전에 런던행 비행기에서 옆자리 여자가 내게 무슨 책을 읽고 있으며 여백에 무엇을 쓰고 있느냐고 물었다. 나는 엘리자베스 보엔의 소설에서 내가 밑줄 친 부분을 보여주었다. 한 인물이 다른 인물에게 묻는 부분이다. "나한테 말하지 않은 거 하나라도 있어?" 섬뜩함이라고 나는 적어놓았다. 옆자리 여자는 이렇게 적어달라고 졸랐다. 앨릭스는 섬뜩하다고 생각하지 않음. 앨릭스는 그 여자의 이름이었다.

마지막으로 데번에 갔을 때 택시 기사는 내가 사는 지역의 교도소가 싱싱인지 알카트라즈인지 물었다. 알카트라즈라고 답하자 그는 아쉬워했다. 1930년대에 사람들이 자꾸 실종된 파티를 열었고 끝내 싱싱 교도소에 수감된 자기 친척에 대해 내가 못 들어봤겠다며.

아일랜드인 특유의 죄책감 때문에 저는 서부로 왔죠. 캘리포니아의 택시 기사가 내게 말했다. 제임스 마이클 컬리라고 들어봤어요? 제 종조부인데, 역대 보스턴시장 가운데 교도소에 수감된 상태에서 당선된 사람은 그뿐이죠. 제 명함을 가져가세요. 내가 택시에서 내리기 전에 그가 권하며 자기 가족사를 찾아보라고 했고, 나는 기꺼이 약속을 지켰다.

어느 아침에 워싱턴 D.C.에서 공항 카운터가 열리는 아침 다섯 시가 되기를 다른 여자와 삼십 분 동안 같이 기다렸다. 여자는 싱글맘이었고, 세 딸과 디즈니랜드에 가는 길이었다. 파티복을 챙기고 목록을 확인하며 집에서 전자 제품 플러그를 빠짐없이 뽑아놓고 왔다. 이 여행을 가려고 몇 년이나 저축했다고 여자는 말했다. 대화를 나누어서 즐거웠어요. 카운터가 열렸을 때 여자는 말했다. 우리 이메일을 교환하죠.

사람들은 남들이 자기 삶에 관해 물어봐주면 기뻐한다. 때로는 자기 이야기를 들어줄 사람만 있어도 충분하다. 남의 이야기를 들어주는 것만큼 세상을 살기에 안전한 방법은 없는데, 때로는 원하지 않은 이야기 속으로 끌려가기도 한다. "제게 살날이 얼마나 남았는지는 몰라요. 혹시 작가님이 저를 만나서 이야기를 들어줄 의향이 있는지 묻고 싶었어요." 암환자인 여자가 말했다. 죽어가는 사람의 부탁을 거절할 수는 없겠다고 생각하고 있는데 여자에게서 이메일이 다시 왔다. 내가 만남을 취소하리라고 장담하는 내용이었다. 이유는, "저는 한니발 렉터에게 영감을 받아서 심리학자가 되었어요. 자살과 살인을 상상하고요. 착한 생각과 악한 생각에 계속 시달려요. 평생 행복을 찾아 헤맸지만 끝내 찾지 못했어요. 인류 전체를 멸망시킬 수 있는 버튼이 있었으면 좋겠다고 자주 생각한답니다."

너 자신을 보호해야지, 친구는 조언했다. 그러나 글을 쓰려면 보호받고 싶은 바람을 뿌리째 뽑아내야 한다.

나는 내 삶에 들어온 사람을 단 한 명도 잊지 않았고, 어쩌면 바로 그렇기 때문에 나는 세상에서 떨어져 살아야 하는지도 모르겠다. 내가 가슴에 품은 사람들은 자기 몫뿐 아니라 나의 배급 식량까지 섭취하며 살아간다. 은둔자는 기억함으로써 세상에 의무를 다한다.

아버지와 나는 뜰에 깍지콩을 심곤 했다. 깍지콩의 넝쿨이 날마다 대나무 대를 타고 높이 올라갔다. 여름이 끝났을 때 동네의 한 노인이 우리가 거두기 며칠 전에 콩을 꺾어 갔다. 여자의 도둑질을 처음 발견한 날에 나는 화가 나서 펄펄 뛰었는데, 어머니와 아버지는 내가 화를 내서는 안 된다고 했다. 내가 아기였을 때 그 여자가 면 재킷을 지어주었다고. 매년 그 여자는 우리 콩을 훔쳤다. 그때마다 부모님은 아기 때 받은 재킷을 고마워하라고 나를 타일렀다. 그러다 여자가 더는 보이지 않았다. 죽은 것이다. 나는 그 무엇도 느낄 필요가 없어졌다.

한번은 할아버지가 화위안루를 산책하다가 갑자기 아팠는데, 지나가던 젊은 군인이 도움을 주었다. 그때부터 그 군인은 마치 입양한 손주처럼 우리 가족과 친한 사이가 되어 주말마다 찾아왔다. 할아버지가 죽은 후에 그가 새 신부와 베이징에 여행을 와서 우리집에서 지냈다. 그의 신부는 얌전하고 예뻐서 나와 언니가 무척 좋아했다. 떠나기 전날에 그는 기차표를 사느라 밤새 줄을 서야 했는데, 아침에 일어나보니 그가 여태 돌아오지 않았다고 신부가 울고 있었다. 그는 단지 지체된 것이었고, 두 사람은 행복하게 결혼하고 고향으로 돌아갔다. 두 사람이 떠난 뒤에 나는 맨 앞장이 뜯긴 공책을 발견했는데, 그 뒷장에 남은 글씨 자국을 보고 내용을 읽을 수 있었다. 불안한 신부의 독백이었다. 그가 아침까지 돌아오지 않았다는 사실이 무엇을 뜻하는지, 자신이 왜 이렇게 홀로 남겨졌는지, 두 사람의 결혼이 애초에 어떻게 성사되었는지 적혀 있었다. 오랜 시간이 흐르고 나는 보엔의 소설을 읽다가 인물이 "꾹꾹 눌러" 쓴 연필이 남긴 자국을 딸이 발견하고 사건의 전말을 알게 되는 부분에 밑줄을 쳤다.

이게 뭐예요? 내가 베이징에서 열린 군대 행진을 인터넷으로 보고 있는데 맏이가 물었다. 칠십 년 전에 제2차 세계 대전이 종전된 것을 축하하는 행사야. 나는 말했다. 엄마 고조부가 그 전쟁 중에 돌아가셨어. 곧바로 나는 묻지도 않은 가족사를 줄줄이 늘어놓는 택시 기사처럼 말한 것을 후회했다. 몇 년도예요? 아들이 물었다. 1938년. 나는 말했다. 그것으로 이야기는 끝났다. 나는 고조부의 죽음에 관해 내가 들은 이야기를 아이에게 전하고 싶지 않았다. 고조부는 조그만 도시에서 원단 장사를 하다가 일본군에 끌려가서 노역했다. 다리를 저는 탓에 다른 사람들만큼 일하지 못했고, 바로 그 자리에서 살해당했다. 일본군이 칼로 그의 몸통을 갈랐다고 들었다.(어렸을 때 나는 만나보지 못했으며 죽음을 목격한 적 없는 이 고조부를 자주 생각했다. 다리를 절었다는 말에 사촌오빠를 떠올렸다.)

트레버가 왜 아직도 북아일랜드 분쟁을 글에 담는지 모르겠습니다. 어떤 아일랜드 사람이 내게 말했다. 그게 언제 적 이야기인데요. 아일랜드는 이제 훌훌 털고 잊어버렸어요. 당신 책을 읽고 내가 마음에 상처를 받았다는 사실을 알아두세요. 나와 같은 아파트에서 자랐다는 독자가 책방에서 열린 낭독회에서 말했다. 왜 중국 역사를 이야기하죠? 중국인으로서 내 긍지를 굳이 망가뜨려야 하나요? 그러나 잔인함이나 친절함은 과거의 일이 아니며 결코 그렇게 되지 않을 것이다.

초등학교 시절에 한 여자아이의 아버지가 갑작스레 죽었다.

다음 날 아침에 청소 당번이었던 나는 학교 마당에서 내가 담당한 부분을 비질하며, 반대쪽을 쓸고 있는 그 여자아이를 지켜보았다.(아버지가 죽었는데 왜 학교에 와서 청소 당번을 하고 있는지, 왜 내가 대신 청소해주겠다고 나서지 않았는지, 그때 나는 미처 자문하지 못했다.) 흐느끼는 그 아이의 눈물이 쓸어 모은 나뭇잎 위로 뚝뚝 떨어졌다. 나는 그 아이에게 말을 걸고 싶었지만 할 말이 생각나지 않았는데, 그러면서도 내심 울적한 걱정에 시달리고 있었다. 우리 학년에서 통통한 아이는 나와 그 여자아이뿐이었다. 아무리 못된 남자아이들도 아버지를 여읜 아이를 괴롭히지는 않을 테니 앞으로는 나만 놀림받을 것이 뻔했다. 얼마나 어처구니없는 걱정인지 그때 나는 알지 못했다. 하지만 그 아이를 보던 중에 내 뇌리에 스친 생각은 기억한다. 적어도 쟤는 울 만한 이유가 있고, 사람들이 이해해주겠지.

손 선생이 죽었다고 내가 말해줬니? 최근에 어머니가 물었다. 그리워할 사람은 없지. 어머니는 이어 말했다. 십 년이나 병치레했는데 그때도 아무도 딱하게 여기지 않았어. 어머니의 말에 악의는 없었다. 죽은 사람은 5학년 때 나의 수학 선생이었는데, 남자아이들을 때리고 여자아이들을 부적절하게 만진다고 평판이 나빴다. 그런데도 학부모나 다른 교사나 학교 임원들이나 두 손 놓고 앉아 있었다. 그는 누구라도 자기 기분을 거슬렀다 하면 물불을 가리지 않을 정도로 난폭했다. 세상에 악인 하나 줄었네.

어머니는 말했다. 그 말을 들으니 내가 거의 지워버린 기억 하나가 돌아왔다. 이 선생은 수업을 시작할 때 칠판에 문제를 적고, 내게 풀이를 맡긴 다음에 자신은 교실을 돌며 아이들 귀를 비틀었다. 내가 문제를 다 풀면, 남학생들 한두 명을 괴롭히고 돌아온 그는 칠판 앞에 서서 말했다. 훌륭해. 그의 손가락은 담뱃진에 찌들었고, 가학적인 미소 사이로 흡연자 특유의 역한 냄새가 풍겼다. 그럼에도 나는 그의 칭찬에 거부감을 느끼지 않았다. 그 다음에 그는 뒤돌아서 누군가에게 분필을 냅다 던졌는데, 우리 모두 예상하고 있었다. 너, 선생이 말했다. 그래, 너 말이다. 그는 분필에 맞은 아이를 빤히 보며 말했다. 너는 지성의 아름다움을 결코 이해하지 못할 거다. 그 말과 함께 그는 내게 자리로 돌아가도 된다고 허락했다.

잔인함과 친절함. 기억을 되짚으면 이것들의 다른 모습이 보인다.

지난여름에 어머니와 아버지를 찾아갔다. 어머니와 아버지는 내가 자라날 때 우리가 살던 아파트에 지금도 산다. 나의 다섯 살 생일에 찍은 사진과 어머니가 열여섯 살에 찍은 사진이 나란히 걸려 있었다. 가족들의 다른 사진들도 있지만, 그 사진들은 다른 사진들보다 몇십 년이나 오래되었으며 우리 두 사람의 참으로 어린 모습이 담겨 있어 유독 눈에 띄었다. 순진함을 기념하는 듯한 그 사진들을 보고 나는 흠칫했다. 두 사진 속 인물 중 어느 쪽도 아직 아무에게도 큰 해를 끼치지 않았다. 사진 속에서 어머니는 꿈꾸는 듯한 미소를 띠고 있다. 낭만적이고 화사하다. 사진사의 지시를 따라 웃고 있는 나의 미소는 당돌하기보다는 순종적이다. 이들이 내게 낯선 타인이라면 어땠을까? 여느 타인을 보는 것과 다를 바 없는 호기심으로 더 자세히 보았을 터이다. 남들보다 낫지도 못하지도 않은 이 두 사람도 운명의 꼭두각시일 뿐이다.

"본인이 생각하는 것만큼 혼란스럽지 않을지도 몰라요." 트레버가 편지에서 말한 적이 있다. "이야기는 희망이고, 우리의 질문에 기꺼이 답해줄 때가 많답니다."

누구십니까? 지난봄에 만났을 때 트레버가 내게 물었다. 괜찮아요. 나는 말했다. 작가님을 만나러 왔을 뿐이에요. 아, 우리가 보스턴에서 만난 적이 있지요. 잠시 후 트레버는 말했다. 맞아요, 보스턴에서 만났어요. 나는 말했다. 하지만 이렇게 말할 수도 있었으리라. 우리는 이야기의 나라에서 우연히 만난 고독한 여행자들이에요.

끝내며

평면적인 인물로 살기와 대안을 만들기에 관하여

질문에 답할 방법은 많다. 모두가 대놓고 묻지는 않지만, 매너를 지키느라 순수한 호기심이나 이해하고 싶은 진심을 억누르지 않았다면 몇 명은 물었을 터이다. 나라도 물어볼 듯하다. 사실, 여태 나는 자문한다. 왜 자살이 적절한, 심지어 유일한 선택이라고 생각했을까?

이런저런 사람들이 이런저런 상황에서 내놓은 이런저런 가설들. 유전, 나약한 정신, 미성숙한 정신, 이기심, 알 수 없는 이유로 어긋나게 전달된 세포 신호. 이것들보다 더 현실적인 설명도 있다. 한때 나는 통상 근무를 하면서 글도 쓰고 아이도 키우고, 또 이것들을 전부 훌륭하게 해내겠다는 야심 혹은 욕심이 있었다. 십 년 가까이 자정부터 새벽 네 시까지 글을 썼다. 치명적인 결과를 불러일으킬 줄 알았더라도 내가 스스로를 그토록 혹독히 몰아붙였을까? 아마 그랬을 터이다. 내가 하고 싶은 일들을 전부 할 수 있는 방법이 달리 없었다. 엘리자베스 보엔은 소설 쓰기를 논하면서 대안들의 중요성을 강조했다.

○○○○

인물의 행동은 그것의 대안들이 생생하게 느껴질 때 더욱 흥미롭다. 따라서 인물들의 행동에서 내적 갈등이 스며 나와야 한다. 인물들이 초기에 지닌 수많은 대안들이 이야기 끝에서는 모두 사라지고 없다… "평면적인" 인물에게는 대안이 없다.

소설 못지않게 실제 삶에도 대안이 많다고 믿고 싶다. 인생의 갈림길에서 우리가 끝내 선택하였으며 돌아설 수 없는 방향이 우리라는 사람을 정의하듯이, 우리가 결국 선택하지 않은 길은 한때 고려된 가능성으로서 우리에 관해 무언가를 말한다. 중국을 떠나지 않았으면 너는 어떻게 되었을까? 친구가 묻는다. 아이오와시티로 오지 않았으면, 혹은 과학자가 되었으면 어떻게 되었을까? 이런 질문에 나는 다른 가능성을 제시하지 못한다. 부정문으로밖에 답할 수 없다. 나는 영어를 나의 언어로 삼지 않았을 것이다. 학교에서 소설 창작을 배울 수 있다는 사실을 알지 못했을 것이다. 작가가 되지 않았을 것이다.

하지만 나는 어떻게 되었을까? 친구가 인물을 두고 비슷한 질문을 하면—그 여자가 이민을 가지 않았다면 어떤 삶을 살았을까?—나는 베이징에서 그 인물의 삶을 곧바로 떠올릴 수 있다. 그는 매일같이 육교를 건너 버스 정류장으로 간다. 시선을 피하는 법을 간신히 익힌 그는 장애가 있는 걸인에게 더는 돈을 주지 않는다. 그는 베이징의 여느 택시 기사들처럼 정부를 조롱하며 즐거워하는 택시 기사의 말에 대충 장단을 맞춘다. 그의 아파트 현관문 옆 나무상자에는 매일 신선한 우유가 배달되어 있는데, 그는 열쇠고리에 주렁주렁 달린 열쇠 하나로 나무상자를 열고,(그의 아이는 매일 저녁에 우유 배급소로 걸어가는 즐거움을 모르고 자랄 터이다.) 다른 열쇠로는 우편함을 연다.(옛날에는 아파트 주민 전체의 우편물을 녹색 상자 하나에 꾹꾹 욱여넣었다. 편지를 받은 행운아들이 누군지 보기를 좋아하는 그에게는 큰 유혹이었다.) 집 열쇠, 사무실 열쇠, 자동차 열쇠, 보안문 열쇠. 이처럼 많은 열쇠는 특권과 책임을 뜻한다. 중국에서 내가 지닌 열쇠 가운데 눈에 띌 만한 것은 딱 하나였다. 미국의 여느 골동품 가게에서나 볼 수 있는 종류인데, 내 손바닥만 한 크기의 황동 열쇠였고 나는 그 열쇠를 파란 나일론 줄에 꿰어 목에 걸고 다녔다.

이 인물이 베이징을 떠났다고 베이징에서 그의 자리가 사라지지는 않는다. 그가 자기 자리를 거부하더라도 그 자리는 타인이 대신 차지할 수 없다. 원명원의 호수에서 그가 한낮에 빌려 타던 배는 노가 고리에 걸린 채로 움직이지 않을 터이다. 동네 우편배달원은 한쪽 다리를 연석에 올려 균형을 잡은 채로 자전거의 크로스바에 매달아놓은 녹색 캔버스 가방 속의 우편물을 정리하겠지만, 그가 길가로 나와서 우편배달원과 한담을 나누는 모습은 이제 볼 수 없다. 동창회에서는 가로세로가 일 인치인 그의 옛날 증명사진을 스캔하고 확대하여 기념 문집에 넣을 텐데, 그는 동창회에 가고 싶지 않으며, 참석하지 못하는 대신에 최근 사진을 보내고 싶지도 않기 때문이다.

 네가 그 사람일 수 있다는 사실을 왜 인정하지 않니? 아니, 그 사람이 바로 너라는 사실을 왜 인정하지 않아? 친구의 질문이 들리는 듯하다. 그것은 아마도 나는 내 자아가 스스로를 바라보며 지금의 삶과 다른 가능성들을 떠올리기를 원하지 않기 때문일 터이다. 소설을 쓰다보면 자칫 사생활을 잃을 수 있는데, 자전적인 내용을 피함으로써 그 위험을 줄인다. 결코 나는 내 인물 중 하나가 될 수 없다. 그들은 내게 없는 대안들을 지녔다. 그들이 대안을 잃어버릴 때 나는 기꺼이 곁에서 함께 경험한다. 빌린 삶에서는 더욱 자유로이 살 수 있다.

 이 에세이들 때문에 사생활을 잃어버릴까봐 걱정되지 않아? 또다시 친구의 질문이 들린다. 하지만 사실을 말하자면, 내게 소중한 사생활은 타인들과 큰 관계가 없다. 아들의 어린이집 친구가 이 기술을 발휘하는 것을 본 적이 있다. 사소한 재난에 속이 상한 그 아이는 울거나 투덜거리는 대신에 얼어붙은 듯이 움직임을 멈췄고, 파란빛이 감도는 회색 눈에서 생기가 순식간에 사라졌다. 사람이 의도적으로 정신의 스위치를 꺼버리는 장면을 그토록 가까이에서 목격한 것은 처음이었다. 불안이 비치던 아이의 눈동자가 유리알처럼 변한 순간은 고작 몇 초뿐이었지만,

그 뚜렷한 순간에 나는 아이의 눈동자 뒤에서 자신을 지우려는 굳은 의지를 감지했다. 이처럼 탈출 마술을 연습하는 이들은 자신이 남들 눈에 띄지 않은 채로 세상에 존재할 수 있다는 믿음을, 사실은 헛된 믿음을 키운다.

자기 인생을 솜씨 있게 써나가기는 어렵다. 그 이야기를 공정하고 예리하게 판단하기도 어렵다. 플롯을 짜고 진행 속도를 조절하고, 전지적 시점에서 서술하거나 혹은 방해되는 시점을 제거하고, 시간의 연속성을 조정하며 연관성이 부족한 순간들을 잘라내는 등 소설가의 도구가 없이는 우리 중에 가장 흥미로운 사람들도 소설에서 가장 평면적인 인물들보다 평면적이다. 우리는 대안을 지니지 못했을 뿐만이 아니라 대안을 깔아뭉갠다. 이럴 수밖에 없었어. 반박할 수 없는 이 믿음이 대개 결정의 기초를 이룬다. 더없이 충동적인 결정도, 한없이 위태로운 결정도 마찬가지다. 백 가지 불확실함보다는 한 가지 확실함이 마음에 안정을 주기 때문이다. 수백 가지 그랬다면보다는 한 가지 그렇다를 받아들이기가 더 쉽다.

여생 동안 매일매일 아주 조심하셔야 합니다. 의사가 말했다. 왜죠? 나는 물었다.(참 형편없는 문장이라는 생각이 스쳤다. 여생 동안 매일매일이라니, 너무 절대적이다. 소설 속 인물은 저런 식으로 말해서는 안 된다.) 전혀 예상하지 못한 순간에 갑자기 닥칠 수 있습니다. 의사는 말했다. 알아차렸을 때는 벌써 발아래 땅이 흔들리고 있을 거예요. 제가 무엇을 할 수 있죠? 나는 물었다. 의사는 무슨 일이 있어도 약 복용을 중단하지 말라고 했다. 내가 할 수 있는 일이 없다는 뜻이라고 이해했다.

꼭 이래야만 할까? 자주 생각한다.

나는 복잡한 감정과 상반되는 동기를 품고 이 에세이들을 쓰기 시작했다. 자살을 옹호하고 싶은 마음과 자살에 반대하고 싶은 마음이 비등비등했다. 요컨대 나는 자살을 선택 사항으로 남겨놓으면서도 그 선택을 영원히 박탈당하고 싶었던 것이다. 이 책을 쓰는 데 이 년 가까이 걸렸다. 이 책을 쓰려고 펜을 잡기까지 걸린 시간과 맞먹는다. 까마득한 절망으로 점차 추락한 일 년과 그 절망에 갇혀 있던 일 년. 자살 시도와 입원이라는, 단조로운 두 단어로 요약할 수 있는 그 암담함은 너무도 절대적이어서 아무것도 밝혀내지 못한다. 그런 암담함은 피하는 것이 상책이다.

지난 몇 년간 나는 살짝만 발을 헛디뎌도 주체하지 못할 정도로 추락할 수 있다는 사실을 깨달았다. 고작 몇 시간, 때로는 몇 분만에. 이런 일은 정신력이 약하거나 현명하지 못해서가 아니다. 내가 잘못해서가 아니라는 사실을 안다고 슬픔이 덜하지는 않다. 포기하는 일은 괴롭지 않다. 사실, 포기하면 더는 불안하지 않다. 마음이 놓이고 평온해진다. 진정 괴로운 순간은 나중에 같은 일이 반복될 때 찾아온다. 대체 왜, 묻고 묻고 또 묻지만, 아무리 물어봤자 불변의 사실을 따지는 일에 불과하다. 세포 신호는 정신의 논리적 사고보다 더 빠르고 더 멋대로 작동한다는 사실을 받아들이는 수밖에 없다. 그 아이의 눈에서 생기가 사라지기 전 몇 초, 명료함과 혼란의 간극에서 자기 보존의 본능을 지닌 정신이 스스로와 전투를 벌인다. 그 간극에 나의 사적인 삶이 존재한다. 그것을 보호하려고 소설을 쓰지만, 늘 효과적이지는 않다. 그 간극에서 글을 쓰는 일은, 이 책을 쓰는 일은, 불변의 사실과 휴전을 맺으려는 일종의 실험이다.

도저히 견딜 수 없다고 느낄 때 글을 많이 썼다. 두 손 놓고 앉아 있느니 한 문장이라도 쓰는 편이 낫다. 비참한 생각에서 갇혀 보내지 않은 한 시간은 오롯이 나의 한 시간이다. 어수선히 얽힌 여러 생각의 타래를 품고 있느니 한 가지 생각의 끈을 따라가겠다. 어떻게 보면 나는 글을 씀으로써, 나의 정신이 무너지기 전에 경고 징후를 발견하려 노력했다. 내가 희망과 행복에 반발하는 듯한 순간과, 타인들과 나 모두에게 맞서는 듯한 순간이 있다. 그렇지만 애착은, 그 대상이 오류투성이 관념일지라도, 발아래 땅이 흔들릴 때 버팀목이 되어준다.

몽테뉴의 에세이에서 문단마다 표기된 알파벳은(A나 B나 C) 그 문단이 작성된 시기를 알려준다. 몽테뉴는 자주 이전 글로 돌아가서 고쳐 썼다. 몽테뉴의 번역가 도널드 프레임은 이 표시들이 없었으면 독자들은 몽테뉴의 글을 두고 "무책임하게 뒤죽박죽"이라고 비판했을지도 모른다고 말하며, 에세이의 목적은 "변화를 기록하는 것"이기 때문이라고 설명했다.

나의 에세이에 몽테뉴와 같은 방식으로 표기를 한다면 주제넘겠지만, 사실 이 책은 이 년 동안 불규칙하게 쓰였다. 각기 다른 상황에서 문장과 문단들을 쓰고 고쳤고, 나의 논점을 새로운 형식에 담고, 생각을 다듬었다. 대부분 에세이는 일 년이 넘게 걸려 완성했다. 일관되고 논리정연하게 쓰겠다는 생각은 애초에 하지도 않았다.

사다리를 타고 빠져나올 수 있는 세계는 없다. 어느 세계에도 테두리는 없다. 나의 친구 에이미 리치의 말이다. 나는 더는 사다리를 찾아 헤매지 않는다. 언젠가 스스로에게 이렇게 말할 수 있기를 바란다. 친구여, 우리가 견뎌냈습니다.

감사의 말

친구로서, 독자로서, 지지자로서 나와 내 책들을 아껴주는 세라 챌펀트와 진 어에게 온 마음으로 감사를 전한다. 나를 위해 늘 힘써주는 와일리 에이전시, 특히 찰스 뷰컨과 재클린 고에게 고맙다고 말하고 싶다.

나의 책을 믿어주는 케이트 메디나와 예리한 통찰력과 명료한 관점을 제공하는 사이먼 프로서에게도 감사의 말을 전한다.

내게 크나큰 도움을 준 친구들. 모나 심프슨, 엘리자베스 맥크래컨, 더치스 골드블랫, 패트릭 콕스, 란 사만다 창, 코니 브라더스, 스튜어트 다이벡, 첸 라이스, 라비 알라메딘, 톰 드루리―나의 친구가 되어줘서 고맙다.

어머니와 아버지와 언니에게 사랑을 전한다.

패트리샤와 패트릭 휴스는 내가 이해하지 못했으며 불가능하다고 생각한 일들이 가능함을 보여주었다.

나의 소중한 친구 에이미 리치. 무슨 말로 시작해야 좋을지도 모르겠어. 중국의 찻잎을 다 준다 하더라도 우리는 결코 세상을 아무래도 좋다는 식으로 주관 없이 살지 않을 거야. 이성적일 때나 실없을 때나 우리가 함께할 수 있음이 얼마나 큰 기쁨이고 위안이고 행운인지.

무엇이 당신을 지탱해주나요? 이 질문을 몇 번이나 들었지만 답은 변하지 않는다. 나의 남편과 아이들. 그대들 덕분에 나는 나 자신의 가치를 믿을 수 있다.

옮긴이: 구원
프리랜서 번역가 및 출판 기획자.『셔기 베인』,『우리가 얼마나 아름다웠는지』,『먼고 해밀턴』 등을 우리말로 옮겼다. 캐서린 맨스필드 단편선『차 한 잔』과『프렐류드』를 엮고 옮겼다.『셔기 베인』으로 제16회 유영번역상을 수상했다.

친구여, 나의 삶에서 내가
그대 삶 속의 그대에게 씁니다

1판 1쇄 발행 2025년 7월 7일

지은이 이윤 리
옮긴이 구원
편집 이경호
표지디자인 구원

펴낸곳 코호북스 (coho books)
주소 강원도 홍천군 두촌면 한계길 84
등록 2019년 10월 17일 제2019 - 000005호
전자우편 cohobookspublishing@gmail.com
팩스 0303 3441 1115
ISBN 979-11-91922-27-1 (03840)
책값은 뒤표지에 있습니다.